Ingeborg Kuhl de Solano · Mentale Dialoge mit einer Amaryllis

Ingeborg Kuhl de Solano

Mentale Dialoge mit einer Amaryllis

Ein Geschenkbüchlein für Blumenfreunde

AUGUST VON GOETHE LITERATURVERLAG

FRANKFURT A.M. • WEIMAR • LONDON • NEW YORK

Die neue Literatur, die – in Erinnerung an die Zusammenarbeit Heinrich Heines und Annette von Droste-Hülshoffs mit der Herausgeberin Elise von Hohenhausen – ein Wagnis ist, steht im Mittelpunkt der Verlagsarbeit. Das Lektorat nimmt daher Manuskripte an, um deren Einsendung das gebildete Publikum gebeten wird.

Bibliografische Information der Deutschen Nationalbibliothek:
Die Deutsche Nationalbibliothek verzeichnet diese Publikation in der Deutschen Nationalbibliografie; detaillierte bibliografische Daten sind im Internet abrufbar über http://dnb.d-nb.de.

Dieses Werk und alle seine Teile sind urheberrechtlich geschützt.

Websites der Verlagshäuser der Frankfurter Verlagsgruppe:

www.frankfurter-verlagsgruppe.de
www.frankfurter-literaturverlag.de
www.frankfurter-taschenbuchverlag.de
www.publicbookmedia.de
www.august-goethe-literaturverlag.de
www.fouque-literaturverlag.de
www.weimarer-schiller-presse.de
www.deutsche-hochschulschriften.de
www.deutsche-bibliothek-der-wissenschaften.de
www.haensel-hohenhausen.de
www.prinz-von-hohenzollern-emden.de

Nachdruck, Speicherung, Sendung und Vervielfältigung in jeder Form, insbesondere Kopieren, Digitalisieren, Smoothing, Komprimierung, Konvertierung in andere Formate, Farbverfremdung sowie Bearbeitung und Übertragung des Werkes oder von Teilen desselben in andere Medien, Speicher und andere Sprachen sind ohne vorgehende schriftliche Zustimmung des Verlags unzulässig und werden auch strafrechtlich verfolgt.

Gedruckt auf säurefreiem, alterungsbeständigem Papier, hergestellt aus chlorfrei gebleichtem Zellstoff (TcF-Norm).

Printed in Germany

ISBN 978-3-8372-1620-2

©2015 FRANKFURTER LITERATURVERLAG FRANKFURT AM MAIN

Ein Unternehmen der Holding
FRANKFURTER VERLAGSGRUPPE AKTIENGESELLSCHAFT
In der Straße des Goethehauses/Großer Hirschgraben 15
D-60311 Frankfurt a/M
Tel. 069-40-894-0 ▪ Fax 069-40-894-194
E-Mail lektorat@frankfurter-literaturverlag.de

*Da Pflanzen nicht sprechen können,
bleibt uns nichts anderes übrig
als sie zu interpretieren…*

*Aber vielleicht kommunizieren sie ja
dennoch heimlich mit uns
auf eine ihnen eigene,
aber uns verborgene Weise*

Inhalt

Kap. 1: Die Entfaltung des Zaubers eines scheinbar unscheinbaren Geschenkes 9
Kap. 2: Erstes persönliches Ansprechen im dritten Jahr 19
Kap. 3: Namensgebung 24
Kap. 4: Mentale Dialoge 26
Kap. 5: Hören, Sehen, Fühlen, Verstehen 28
Kap. 6: Familienforschung 33
Kap. 7: Ein Geburtstag 36
Kap. 8: Ein Gnom 38
Kap. 9: Schöne Grüsse 40
Kap. 10: Breakfast time 41
Kap. 11: Wie es einer Verwandten erging 42
Kap. 12: Amabile – ein junges Fräulein 44
Kap. 13: Bevorstehende Zwillingsgeburt 46
Kap. 14: Größenvergleich 48
Kap. 15: Alleinerziehende Mutter 50
Kap. 16: Erwartung eines dritten Kindes 53
Kap. 17: Der Tod einer Orchidee 55
Kap. 18: Schöne Augen 61
Kap. 19: Im Zeichen des Wassermannes 64
Kap. 20: Königsfamilie und Hofstaat 66
Kap. 21: Ein zweiter Mann? 68
Kap. 22: Trauer 70
Kap. 23: Last minutes 72
Kap. 24: Himmlischer Glanz 74
Kap. 25: Sendepause 76
Kap. 26: Letzter Dialog 78

*Ich widme dieses Büchlein
mit großem Dank der
Schenkerin meiner Amaryllis.*

Kap. 1   22.12.2011

Die Entfaltung des Zaubers eines scheinbar unscheinbaren Geschenkes

Es ist der 22. Dezember 2011.

Ich habe Geburtstag und feiere ihn mit guten Freunden.

Ein inzwischen nicht mehr ganz so junges Töchterchen übergibt mir von ihrer mir altersmäßig nahen, lieben Mutter einen in einer großen, schönen Papiertüte versteckten „Gruß".

Ich sehe hinein, um das Verborgene zu entdecken. Da schaut mir aus einem schlichten Blumentopf ein mittelgroßer, staksiger, grüner Stil entgegen, ragt hervor aus recht fruchtbar aussehender Erde. Ich weiß nicht, was es für ein Gewächs ist oder einmal werden wird. Das Geheimnis muss sich mir wohl erst noch lüften. Auf den ersten Blick ist es nur etwas, was eigentlich noch nichts ist, vor allem etwas sehr Unscheinbares unter all den anderen Geschenken auf dem weiß gedeckten und von bunter Weihnachtsdekoration festlich umgebenen Gabentisch. Es wirkt sogar traurig, traurig als solches und traurig auf mich. Aber es ist doch ein Geschenk; und so trage ich es in seiner Tüte auf jeden Fall nach Hause, wie ein kleines, hässliches Entlein, das man erst mal so hinnehmen, ja vielleicht sogar trösten muss, denke ich und empfinde ein wenig Mitleid. Und da ein Blumentopf im Winter natürlich ans Fenster gehört, stelle ich ihn an ein Westfenster in einen schönen Übertopf – vielleicht ermuntert mich dieser ein wenig. Da entdecke ich dann auch die große, grüne Zwiebelknolle. Sie ist fast faustgroß, und hinter ihr, rechts von mir, entspringt der kräftige Schaft, der nichtssagende.

Am nächsten Morgen packte ich dann, ganz gespannt, alle meine anderen Geschenke aus und las die dazugehörigen lieben Kartenwünsche. Sie schauen alle weniger bescheiden aus, stehen glanzvoll vor mir auf dem Tisch und prahlen fast ein wenig mit dem, was ihre eindeutig ersichtliche Identität ausmacht. Es ist so richtig schön bunt und stimmt mich fröhlich und zufrieden. So lieb hatten alle an mich gedacht. Der Anblick machte mich einige Tage lang glücklich.

Danach schlich ich mich ans Fenster zu meinem kahlen Blumentopf, um ihm etwas Wasser zu geben. Wäre es ein Vögelchen gewesen, hätte es jetzt wahrscheinlich dankbar gepiepst. Aber der Stock kann das ja nicht und bleibt in Schweigen gehüllt. Wie also bloß mit ihm kommunizieren? Keine Sprache, keine Reaktion, nur eine Pflanze, aus einem Stiel bestehend. Mehr konnte sie mir eben nicht geben. Aber mit einem war sie ausgestattet: mit einem Etikett. Das war für mich wie bei einem Paket, das man ins Ausland schickt, und das man mit einem Aufkleber versieht, um seinen Inhalt zu deklarieren. Also spielte ich „Zoll" und las, was drauf stand, um schlauer zu werden, um etwas über den „Inhalt" und vielleicht auch eine besondere Pflege zu erfahren.

Ab dann wusste ich auch, was es werden würde, nämlich eine Amaryllis! Aha! – dachte ich. Und wie eine solche aussieht, das weiß man ja – so in etwa, denn schließlich bringt die Natur ja üppige Varianten hervor.

Es handelte sich also um ein Geschenk, das zwar noch nichts war, aber sicherlich etwas sehr Schönes werden würde, mit der Zeit „würde", also meine Spannung auf Trab halten würde. Würde – würde, so wie „wäre – wäre" oder „hätte – hätte", aber noch nicht „Est, est …". Nun ja … man ist ja durch so vieles im Leben daran gewöhnt, Geduld haben zu müssen … Man wartet ja auch auf Weihnachten – früher, als Kind, sogar mit ganz großer Vorfreude, die fast schöner war als die Freude. Und so etwas Ähnliches entstand gerade in mir. Die Zeit müsste eben noch vergehen und ich meiner Pflanze, wie ebenfalls aus der Beschreibung ersichtlich, regelmäßig, aber mäßig etwas Wasser geben. Doch wer ansonsten würde sich schon mit so wenigem zufrieden geben?

Ab sofort bekam sie also ihren kleinen Trank. Doch jedes Mal vor dem Gießen, ihrem Frühstück, befühlte ich die flechtenartige Erde des Blumentopfes und war erstaunt: sie war bereits feucht, wie von selbst. Oder war sie noch feucht? Wahrscheinlicher erschien es mir jedoch, dass diese Zwiebelknolle offenbar einen gut funktionierenden Feuchtigkeitsspeicher für ihre ursprünglich sicherlich regenarme Heimat besaß. Das sind für unsere pflanzenunkundigen Gehirne der nördlichen Erdhalbkugel fast unverständliche Wunder der Natur, sofern man kein Botaniker ist. Ich schloss daraus, dass meine neue Mitbewohnerin nur spärlich Nahrung benötigte, sich mit ein paar Tropfen schon begnügte und trotzdem wachsen und gedeihen würde. Am vorgeschriebenen, hellen Platz stand sie ja bereits, auf dem sonnigen Fensterbrett meines Esszimmers, das wegen seines großen, runden Esstisches seit einiger Zeit zu einem zweiten Arbeitszimmer wurde. Dort sitze ich und arbeite ich täglich viele Stunden und schaue dabei gern „gen" Himmel, beobachte die täglich, stündlich wechselnden Wolkenschauspiele und Himmelsstimmungen, stets meine neue kleine Lebensgefährtin im Blick, unübersehbar. Und einerlei, ob der Himmel blau oder grau oder abends glühend orange, rot oder lila oder in der Dämmerung sogar drohend schwarz dreinschaut, – keine Veränderung meiner Pflanze kann mir entgehen. Manchmal, wenn ich auf sie zu schleiche, um Neues zu entdecken, komme ich mir sogar vor wie ein Spion – was sie mir hoffentlich verzeiht. Aber ich möchte eben alles mitbekommen, beobachte sie rund um die Uhr, nehme ständig alles wahr, erlebe sie vor den noch winterlich verschneiten Baumwipfeln des nahen Waldes genauso wie vor dem im Frühjahr jungen Grün oder im Herbst vor der herrlich bunten Blätterkulisse. Auch die Piloten und Passagiere der über dem Waldrand an- oder abfliegenden Flugzeuge können diese Szenerien ja genießen, genauso wie den Sonnenauf- oder -untergang oder aufziehende oder sich entladende Gewitter. Wir alle nehmen an solchen Geschenken der Natur teil – und ich außerdem an der Entfaltung meiner Amaryllis, einem edlen, kostbaren Geschenk, das sich nunmehr auch mir schenken würde, sozusagen selbstlos. Das begann ich zu begreifen und zu schätzen.

Die ersten beiden Tage in seiner neuen Herberge ragte aus dem Topf zunächst nichts als dieser nackte Stiel in die Höhe, schaute aus wie ein ausgestreckter Finger; kein großes Ereignis. Dann umgaben ihn, unter seiner Spitze, wie in einem Reigen, langsam ein paar eng aneinander geschmiegte, längliche Blättchen. Ob diese ein Geheimnis verbergen und bald lüften würden?

Als ich meiner Pflanze am dritten Tag ihre karge Morgenmahlzeit verabreichte, besah ich mir mal den kleinen ovalen Kopf am Ende meines Akrobaten etwas näher und hatte den Eindruck, dass mir da etwas entgegenlugte, so als ob man mir eine erste Botschaft zukommen lassen wollte. Es kam mir so vor, als ob mir da ein freches rotes Zünglein herausgestreckt würde, das ständig etwas länger wurde. Es wirkte auf mich wie eine kleine Knospe. Und ab diesem Moment begann in mir die Hoffnung auf eine baldige Geburt einer Blüte – nach einer bis dahin nicht echt erkannten „Schwangerschaft". Ich meinte sogar zu bemerken, dass der kahle Stängel unter der zunehmenden Schwere seiner neuen Frucht darum kämpfte, sich aufrecht zu halten, da er sich, wie ich meinte, leicht etwas zur Seite neigte. Es kam mir sogar so vor, als ob er sich leicht bewegte, als ob es ihn anstrengte. Aber das war nur eine optische Täuschung, wie ich beschämt feststellte, denn nicht der Stängel bewegte sich, sondern die Wolken hinter ihm am Himmel! Dennoch dachte ich, es wäre vielleicht hilfreich, ihn ein wenig abzustützen, und umgab ihn, den oberen Topfrand entlang, mit einem jener Plastikgeflechte, mit denen man sonst Blumentöpfe unten herum umgibt. Doch wie sich herausstellte, tat ich dies in meiner totalen Unkenntnis über seine eigenen verborgenen Kräfte. Als ich, stolz auf mein Mitgefühl, nämlich am Tag darauf mein Werk testete, sah ich, dass er sich gar nicht darauf stützen wollte. Er brauchte mich nicht, stand stolz und selbständig da. Auch von der Fensterscheibe als Stütze machte er keinen Gebrauch. Und stark und trotzig hielt er sich nicht nur jetzt, sondern auch in der gesamten Folgezeit aufrecht, lachte mich möglicherweise sogar aus. Wer weiß das schon? Die Natur allein hatte ihn mit ausreichender Kraft für seine Aufgaben ausgestattet. Da bewunderte ich ihn, den ich so menschlich denkend unterschätzt hatte. Das Einzige, was mir nun noch blieb, war, ihm viel Glück für die von ihm zu tragende Blüte zu wünschen, deren Geburt bevorstand. Und diese seine und ihre Stunde nahte. Die pralle Knospe öffnete sich, zeigte sich in voller Schönheit, lachte mich triumphierend an; eine wunderschöne Blüte in jugendlicher Frische, die sechs spitz auslaufende, weinrote Blütenblätter entfaltete. Sie fühlten sich, als ich sie mal – wie ein süßes kleines Baby – streicheln wollte, zwar leicht gummiartig, aber auch zart-seidig an. Nur Duft versprühten sie zu meinem Erstaunen überhaupt keinen.

Bei der Geburtsstunde der Blüte schauten allerdings nur traurig-trübe Wolken zu. Vielleicht passten diese aber, quasi symbolisch, zu einem uns Menschen nicht nachvollziehbaren Geburtsschmerz der Pflanze. Doch als die Blüte dann das Licht der Welt erblickt hatte, da kam die Sonne hervor, vielleicht um sie willkommen auf der Erde zu heißen. Das war außerdem um die Mittagszeit, und der edle Spross einer wahrlich königlichen Pflanze lachte der Sonne freudestrahlend entgegen, von Angesicht zu Angesicht. Da schaute Schönheit auf Schönheit, erhaben, so wie es sich für edle Damen gehört, wenn sie sich in ihren schönsten Gewändern, in ihrem ganzen Glanz und Schmuck zeigen.

Ich gönnte den beiden ihren möglicherweise rivalisierenden Dialog und ... genoss den neuen Anblick auf meine menschliche Weise.

Aber auch sie und ich traten ab dann in einen immer intensiveren, intimen Dialog. Gleich am nächsten Morgen begannen wir damit. „Einen schönen guten Morgen, mein Fräulein" – wünschte ich ihr. Und stolz nahm sie das entgegen, sicherlich erfreut. Aber das gehörte sich ja auch so. Schließlich ist man wohlerzogen. Und Neid wegen ihrer Schönheit zu empfinden, das lag mir sehr fern. Ich wünschte ihr ein langes Leben in meinem Haus, und dass sie sich so gut wie möglich verwirklichen solle.

Und nun, da die Blüte geboren war, wollte ich ihr endlich auch einmal in aller Ruhe in die Augen schauen. Das hieß bei ihr gleichzeitig, einen Blick in ihr Inneres werfen. Und da begegnete ich einer zauberhaften Schönheit – anders kann man das gar nicht beschreiben. Aus ihren Kelchblättern ragten, weit geöffnet, in prächtig intensiver Farbe ihre Blütenblätter hervor, streckten sich mir entgegen. Es muss ein Künstler gewesen sein, der ihre malerisch dekorierten Innenseiten erdachte: In der Mitte eines jeden Blütenblattes verläuft, ab der Tiefe des Kelches bis zum Blütenrand, ein weißer Streifen, wie von zarter Hand gepinselt, dem Schweif eines Kometen gleich, und da, wo er endet, zieren diesen lauter kleine Krönchen. Und im Herzen der trichterförmigen Blüte (deren Form mich an den Trichter eines alten Grammophons erinnert) tummeln sich sechs fidel dreinschauende Staubgefäße. Doch deren Blütenstaub würde hier an meinem Innenfenster natürlich leider keine Insekten betören. – Über diese lustigen sechs Burschen hinaus ragt ein weiteres Stielchen von edelstem Weiß. Dieses elfenartige Gebilde endet in einem dreigeteilten Herzchen und übertrifft durch seine Reinheit, seine Singularität alles andere um sich herum, wie eine phantasiereiche, kleine Extra-Schöpfung der Natur. Da fühlt man sich sogar als Mensch wie betört, ohne ein Insekt zu sein …

Ach, war ich glücklich! Ich hatte die Geburt einer Blüte miterlebt und erlebte diese auch weiterhin, Stunde um Stunde. Nur eines ahnte ich noch nicht, nämlich dass es nicht bei einer Blüte bleiben würde, denn am nächsten Tag schon entdeckte ich hinter „meiner" Blüte, dass da ein zweites kleines Knöspchen hervorkroch. „Meiner" dürfte ich natürlich eigentlich nicht sagen, denn jedes Wesen gehört nur sich selbst allein ... Diese Art kleiner Zwilling hatte sich bisher gut hinter seiner Schwester versteckt gehalten, pirschte nun aber ebenso jugendlich stark zügig aus seiner Schutzhülle hervor, seinem Vorbild folgend, das sich bereits wie in fertiger Ausgereiftheit über dem Neuling erhob, und dies sogar wie hingebungsvoll zum Himmel schauend, sodass man regelrecht zu spüren glaubte, es warte auf den Besuch staubvermehrender Insekten – voller Sehnsucht nach Kindern und Kindeskindern. Doch welche Enttäuschung für eine Zimmerpflanze, die ihrer ursprünglichen Bestimmung in freier Natur entzogen wurde! Sie sollte nur noch zur Freude von Menschen da sein. Deshalb heißt diese Art, die einstmals frei lieben bzw. geliebt werden durfte, auch nicht mehr Amandoryllis, sondern heute nur noch Amaryllis – denke ich für mich.

Die zweite junge Blüte macht sofort Gebrauch von ihrem eigenen Existenzrecht, wie ich beobachte. Sie beansprucht wie selbstverständlich einen ihrer größeren Schwester ebenbürtigen Platz. Dazu schiebt sie die Erstgeborene einfach, aber zielbewusst, weiter zur Seite, ja drückt sie sogar ein wenig nach unten. Ob sie wie alle Geschwister jetzt auch untereinander streiten? Vernehmen kann man es ja nicht.

Und wie ist das jetzt mit dem Gleichgewicht des Stängels? Ich wage gar nicht, daran zu denken, ihm nochmals eine Stütze anzubieten. Er würde diese sicherlich genauso verachten wie das erste Mal. Also habe auch ich meinen Stolz: Er möge dann eben selbst für sein Gleichgewicht sorgen. Wird schon gehen. Und es ging! – Eine schwangere Frau muss ja auch mit Zwillingen in ihrem Leib zurechtkommen. Da kann auch niemand helfen. Jeder muss eben sehen, wie er mit seinem Schicksal zurechtkommt. That's life!

Und ich bewundere nunmehr zwei Blüten und erfreue mich dieses Anblicks. Doch nicht mehr lange. Nicht mehr lange? Wieso denn das? – Nun, ganz einfach: Wieder entdecke ich etwas. Und das wäre? Es sind ... zwei neue Blüten! Zwei weitere Geschwister, die heranwachsen wollen und sich bereits aus ihrer Hülle hervorkämpfen, schneller als man denkt. Energisch drängen auch sie sich aus ihrem Gefängnis heraus, und sie suchen genauso selbstsicher einen Platz an der Sonne, nehmen ihn ein. Wer hätte das gedacht, geahnt, dass eine simple Wurzelknolle über einen unscheinbaren, nabelschnurartigen Stiel so reichen Kindersegen hervorbringen würde?

Nun sind es vier Blüten, und alle wirken so, als ob sie vollkommen identisch wären. Aber es ist genauso wie bei anderen Mehrlingsgeburten: Jedes Wesen hat seine Eigenheiten. Wenn man sie sich genau besieht, erkennt man, welche der Blüten die älteste ist und welche die nachfolgenden sind, aber eben auch, dass sich die Zeichnungen ihrer Blütenblätter voneinander unterscheiden.

Ich habe nun ihre gesamte Entwicklung miterlebt, von ihrem postembryonalen ersten Lebenszeichen an über die Zeit ihrer Pubertät bis hin zu dem Moment, als sie erwachsen wurden, junge Ladies, keck und attraktiv und vermehrungsbereit. Doch nach dem Überschreiten ihres Zenits ergeht es ihnen wie allen Lebewesen: Es geht mit ihnen, langsam oder schnell, immer weiter abwärts.

Und so geschah es, nach vielen Tagen schönster Blütenpracht, dass ich eines Morgens wahrnehme, wie die Älteste der Geschwister schlaff herunterhing.

Ihre Stunde war gekommen. Doch sie hatte sich verwirklicht.

Die anderen drei Blüten strotzten aber noch in vollster Kraft. Vielleicht würden diese mehr Nahrungszufuhr erhalten, wenn ich ihre verstorbene Schwester so etwas wie beerdigen würde. Gedacht – getan. Ich schnitt sie ab, ließ sie aber zu Füßen der anderen liegen. So konnte sie ihre letzten vielleicht noch in ihr vorhandenen Lebenszeichen aushauchen und ihre Schwestern konnten sie noch betrauern. So handelt und denkt man als Mensch und unterstellt dabei der Pflanze gleichzeitig ebenfalls Empfindungen. Und so wie es der älteren Blüte ergangen war, erging es dann wenig später auch den jüngeren drei, und der Stiel wird irgendwann wieder ganz allein sein.

Es war einmal ein Glücksgestirn von vier Blüten, schön wie rote Weihnachtssterne. Und auch wenn sie jetzt gestorben sind – in meiner Erinnerung leben sie weiter.

Und ich wünsche allen Amaryllen auf der Erde, einerlei ob sie in freier Natur oder in Blumentöpfen leben, ein glückliches Leben und Menschen, die sie pflegen, schätzen und bewundern. Mögen sie sich ihres Lebens erfreuen, wachsen und gedeihen und den Menschen den Zauber der Amaryllen verkünden!

Im Jahr darauf durfte ich diesen ganzen Prozess des Werdens, Kommens, Erstrahlens und Gehens dann in seiner ganzen Fülle ein zweites Mal erleben, nachdem Mutter Zwiebel ein paar Wochen geruht hatte. Nur ab und an verlangte sie ein paar Schluck Wasser…

Welch bescheidenes Überlebenselixier!

Kap. 2   Januar 2014

Erstes persönliches Ansprechen im dritten Jahr

Der Mensch weiß ja inzwischen sehr gut Bescheid über seinen gesamten Lebensweg.

Er entsteht, ob er will oder nicht, durch die Vereinigung seiner Eltern, wird ein Embryo, wächst behütet neun Monate heran, gelangt schmerzlich ans Licht der Welt und braucht sehr, sehr lange, bis er alles erlernt hat, erfährt, durchlebt und dann irgendwann „geht".

Im 90. Psalm heißt es dazu:

> *„Unser Leben währet siebzig Jahre, und wenn's hoch kommt, so sind's achtzig Jahre, und wenn's köstlich gewesen ist, so ist es Mühe und Arbeit gewesen; denn es fähret schnell dahin, als flögen wir davon."*

Und weiter:

> *„Herr, lehre uns bedenken, dass wir sterben müssen, auf dass wir klug werden!"*

Und wie ist das bei den Pflanzen? Bei meiner Amaryllis?

Ich hatte sie als unscheinbares Etwas im Dezember 2011 geschenkt bekommen, ungeduldig gewartet, was aus dem Topf herauskommen würde, und das begann sich im Februar 2012 langsam zu entwickeln. Ihr Leben verlief sodann zwischen Frühling, Sommer und Herbst 2012. Das waren, würde ich sagen, ca. neun Monate Lebenszeit. Und diesen folgten ca. drei Monate Ruhe, während denen sie ein Nichts zu sein schien, aber weiterlebte.

Ihr zweites Jahr bei mir verlief dann genauso, wieder zwischen Februar bis Oktober 2013. Und danach begab sie sich erneut in ihre Art Winterschlaf. Und während dieser Zeit dachte ich noch viel mehr über sie nach. Auch über ihren Lebensrhythmus.

Obwohl sie ja eine Zimmerpflanze war, folgte sie dennoch ganz offensichtlich, wenn auch mit leichtem Vorsprung, den Gepflogenheiten ihrer in freier Natur lebenden Brüder und Schwestern. So schaltete sie z.B. im Winter auch um auf Sparflamme. Ihr Vorsprung ergab sich ganz evident lediglich aus dem Umstand, dass sie in der Wohnung ja die Wärme der Heizung genoss, ein Vorzug, den ihre Geschwister da draußen nicht hatten.

Doch im Herbst 2013 ließ sie sich mehr Zeit — warum auch immer. Sie ließ ihre herrlichen Blüten nur langsam welken, wie ungern, tat es sachte. Vielleicht ist so eine Trennung auch für eine Pflanze schmerzlich, was man verstehen würde. Es ist ja ein Abschiedsschmerz, vor allem, wenn man jedes Jahr dasselbe erlebt. Dasselbe am eigenen Leib, auch wenn dieser im nächsten Jahr wieder fruchtbar sein würde.

Ich stand diese Zeit gemeinsam mit ihr durch, zusammen mit ihren vier erst nach dem Blütenstängel entwickelten, dunkelgrünen Blättern, die sich schwungvoll nach beiden Seiten ausstreckten, zwei nach rechts und zwei nach links, was möglicherweise für ein symmetrisches Gleichgewicht sorgte. So pedantisch das auch wirkte, so war es doch ein tröstlicher Rest von Leben. Auch diese langen Blätter hielten sich Wochen, bevor sie welkten, und nur die Knolle verblieb. Und jetzt war die restliche Pflanze wieder „ein hässliches Entlein".

Dies blieb nun für einige Wochen das stoische Erscheinungsbild, recht langweilig und traurig anzusehen. Doch da kann man eben nichts machen, nur warten und ab und an ein wenig Wasser verabreichen.

Doch die runde Knolle, dieser Bulbus, wurde in dieser Zeit immer praller, blähte sich auf, wölbte sich von Tag zu Tag mehr, wuchs an wie ein schwangerer Leib, in dem offenbar durchaus etwas passierte. Da überlegte ich mir, ob ich die Pflanze nicht umtopfen sollte, damit sie sich besser ausdehnen könnte. Übereifrige (oder bessere?) Hausfrauen („Gärtnerinnen") machen so was ja gerne und auch noch jedes Jahr. Sie kaufen größere Töpfe, neue Blumenerde – natürlich eine spezielle – und dazu noch einen geeigneten Dünger, und all dies natürlich zur artgerechten Zeit. Aber in der Natur geschieht das doch nicht! Die Pflanzen passen sich an: Sie dehnen sich aus, wenn Platz da ist; und sie begnügen sich mit weniger, wenn es keinen gibt. Zugegeben: im ungünstigsten Fall gehen sie dann auch ein. Also – was tun? Einerseits habe ich Verantwortung, andererseits bin ich eher ein Typ, der nicht gerne all diesen Hausfrauenwahn durchzieht, möchte die Pflanze eher in Ruhe lassen. So eine Umstellung könnte ja auch eine Störung sein, ihr vielleicht sogar schaden, zumal, wenn sie gerade mit einer neuen Frucht in ihrem Leib zu tun hat. Da ist man als Schwangere doch mit anderem beschäftigt als auch noch mit Umziehen in eine andere Wohnung. Und sie fragen, ob sie so was überhaupt will oder nicht, das geht ja auch nicht. Also beschließe ich, alles beim Alten zu belassen. Ich entfernte nur noch die Reste der Blätter, die, altersschwach, begannen, dahinzusiechen, bis auch sie jede Hoffnung aufgaben.

Und nun gab es nur noch das winterliche Innenleben, genau um die Weihnachts- und Neujahrszeit, in der die Menschen ja gerne eher fröhlich sind. Amaryllis hingegen schlief, träumte vielleicht oder meditierte, schmiedete neue Pläne ... Wer weiß das schon? Aber weder ich noch sie zweifelten daran, dass es noch viel zu früh wäre, Einzug in den Himmel zu halten. Und so unscheinbar sie wieder aussah – ich blieb ihr treu und schaute jeden Tag nach ihr. Und siehe da – das nächste Wunder kündigte sich an! Das war im Dezember 2013, im dritten Jahr!

Als ich Amaryllis vor drei Tagen, Mitte Januar 2014, besuche, um ihr guten Morgen zu sagen, schaut mich aus den alten, rindenfarbigen Schalen, die die Zwiebel wie ein Nest umhüllen, ein kleiner, grüner Punkt an. Ob das wohl eine dritte „Auferstehung", der Beginn neuen Lebens ist? – fragte ich mich und nähere mich ihr nun mehrmals am Tag, so ähnlich wie Kinder voller Neugier auf Zehenspitzen am Weihnachtstag. Aus dem kleinen, grünen Zünglein wird dann auch rasch ein tapferer Spross. Der Zwerg will wachsen, das spürt man. – Und nun wird wieder jeder Morgen „ein neuer Anfang, dem ein stiller Zauber innewohnt" – hätte Hermann Hesse gesagt. Ich fühle mich erneut herausgefordert, meine Schwester der Schöpfung zu pflegen, zu schützen, sie zu umhegen. Und in Gedanken beginne ich mit ihr zu sprechen.

Es werde Licht!

Wie spannend!

So spreche ich sie auch darauf an, was in ihrer unmittelbaren Nachbarschaft passiert ist:

„Meine Liebe! Zu meinem letzten Geburtstag schenkte mir die Dame, aus deren Händen ich Dich einst empfing, wieder einen Blumenstock, den Du sicher schon wahrgenommen hast: einen roten Weihnachtsstern. Ich habe diesen neben Dich gestellt, ohne Dich zu fragen. Ich hoffe, Du bist nicht eifersüchtig auf ihn.

Das brauchst Du aber wirklich nicht zu sein, glaube mir! – Na gut, ich verstehe Dich: Der Stern protzt ein wenig mit seiner knallroten Farbe, das sehe ich ein. Aber er kann doch nichts dafür. Ist eben ein „Macho"! Nimm es einfach hin. Ich liebe Dich deshalb nicht weniger oder ihn nicht mehr. Du wirst ihn ja in Kürze sicherlich haushoch übertrumpfen. Es gibt im Leben doch immer wieder mal einen Moment, wo wir Frauen es den Männern zeigen!"

Für mich verspricht Amaryllis aber auch erneut eine reiche Belohnung für Herz und Auge zu werden.

Ich spreche ihr also guten Mut zu, natürlich nicht mit Worten, sondern weiterhin in Gedanken, und hoffe, dass sie mich versteht:

„Meine liebe Schwester im Sinne von Franz von Assisi: Habe keine Angst! Wachse und gedeihe! Freue dich auf das, was aus Dir heraus geboren werden wird!

Recke und strecke Dich langsam empor und lasse Dir alle Zeit, die Du dazu brauchst! Bald wirst Du wieder stolz sein auf Deine dritten prachtvollen Blütenkinder. Die Erstgeborenen und die Zweitgeborenen gibt es zwar nicht mehr. Sie schmücken aber inzwischen vielleicht einen Ort am Himmelszelt. Und da Du längst weißt, wie eine Geburt verläuft, wird es für Dich auch nicht so anstrengend sein. Es vollzog sich, wenigstens aus meiner Sicht, doch jedes Mal in aller Stille. Ich habe Dich auf jeden Fall nicht schreien gehört, als es soweit war; auch nicht zuvor bei den Geburtswehen. Allerdings habe ich ja kein Pflanzenohr; dann wüsste ich vielleicht besser Bescheid. Jedoch haben Dich möglicherweise ja irgendwelche

Tiere gehört: Insekten an der Fensterscheibe oder vorbeifliegende Vögel. Sie sollen ja alle feinere Ohren haben als wir Menschen. Doch ach – was rede ich da für einen Mist! Hör' nicht auf mich! Du bist vielleicht ohnehin die Klügere von uns beiden. Auch das kann ich nicht ermessen. Man kann die Geschöpfe ja nicht einfach miteinander vergleichen, auch wenn sie alle aus einer Hand stammen sollten. Sie haben alle ihre Besonderheiten. Kümmere Dich also nicht um mich, sondern um Dich!"

Kap. 3   Mitte Januar

Namensgebung

Ein neuer Tag bricht an. Es ist ein trüber Wintertag. Und wie jeden Tag bekommst Du Dein komisches Frühstück, bevor ich selbst frühstücke. Wie ärmlich! Nur ein paar Tropfen Wasser! Wie kann man bloß mit so wenigem auskommen? Mager siehst Du allerdings nicht gerade aus, zugegeben. Der Topf, in dem Du unbeweglich ruhst, besser gesagt eingesperrt bist, ausharrst, platzt schon fast aus allen Nähten. Mit diesem dicken Leib siehst Du aus wie eine Matrone, umgeben von diesen verhutzelten Hautresten vom Vorjahr. Als ich im letzten Spätherbst den größten Teil dieses abgestorbenen Lebens entfernte, fühltest Du Dich an wie eine Küchenzwiebel, obwohl man darunter jugendlich zartes Grün erspähte. Eines ist eben der Schein und etwas anderes das wirkliche Sein, so wie man von einer zarten Seele in rauher Schale spricht. Wer vermutet schon, was sich hinter dem schönen Übertopf in Deiner unscheinbaren Knolle alles vollzieht? Das vermag nur derjenige zu ahnen, der sich bemüht, Dein Innenleben kennen zu lernen und dann erfährt, wie bescheiden, wie genügsam Du bist, wie ruhig, wie dankbar. Dankbar für den günstigen Platz an einem sonnengeküssten Westfenster, wo Du selbst im Winter von der unter Dir befindlichen Heizung schön warmgehalten wirst. Doch Dein schlichter Anblick wird sich bald verändern. Nur Sehende entdecken jetzt schon Deine Werte, weil sie honorieren, dass eine Frau nie schöner ist, als wenn sie schwanger ist.

Dazu bedarf es eines geistigen Auges. Nur: von der Allgemeinheit kann man das nicht erwarten. Und wenn eine Mutter dann ihr Kind geboren hat, bewundern sie das Kind, nicht aber die Mutter. Das ist sehr ungerecht, findest Du nicht auch? Doch: vergiss das alles! Mach' was aus Dir! Du schaffst es, so wie immer! (So mein innerer Monolog)

„Andauernd rede ich mit Dir – merkst Du das? Aber ich habe Dir bisher noch keinen Namen gegeben. Wie könnte ich Dich denn nennen? –

Vielleicht Ama? Das ginge doch, oder? Es wäre eine Abkürzung Deines Taufnamens. Wollen wir das mal so machen?
Was meinst Du? Wenn Du dann herangewachsen, ein junges Mädchen, schlank und rank bist, in jugendlicher Blüte stehst, könnte ich Dich ja „Amabile", die „Liebliche" nennen. Und wenn Du dann endlich in voller Reife und Würde erstrahlst, bist Du eben alles: Amaryllis. – Oder wäre es Dir bis dahin lieber, aus Ama „Alma" zu machen – Alma = die Seele? Na, überleg' es Dir mal! Wir können ja morgen nochmal drüber sprechen. Wir sehen uns ja jeden Tag."

„Was meinst du übrigens …? Ob der Weihnachtsstern uns wohl zuhört? Er steht ja schon stolz in voller Blüte, klar … Doch sei bitte nicht eifersüchtig! Bald wirst auch Du ihm zeigen, was Du kannst. Es dauert doch nicht mehr lange … Bis dahin gönne ihm den Spaß; er will halt auch zeigen, wer er ist. Versteht Euch! Seid tolerant! Vielleicht kommt Ihr ja auch miteinander ins Gespräch. Seid doch beide alt genug! Ich werde mich da nicht einmischen, Euch aber im Auge behalten – verstanden? Ich sehe Euch ja andauernd an meinem großen Doppelfenster vor dem weiten Himmel.

So, und jetzt gehabt Euch wohl!

Ich hab schließlich auch noch anderes zu tun als mich nur um Euch zu kümmern.

Macht's gut, ihr Lieben.

Tschüss!"

Kap. 4   Mitte Januar

Mentale Dialoge

Guten Morgen, Alma mía!
Ja, ich habe mich entschlossen, Dich so zu nennen, sofern Du nicht protestierst.
Ach – komm schon – es klingt doch echt gut!
Es wäre eine Entfremdung Deines eigentlichen Namens, meinst Du ...? Wegen eines einzigen Buchstabens? Was ist das schon?
Mein „Seelchen" – das drückt doch auch meine Zuneigung zu Dir aus ...!
Ich höre ...? Sagst Du was? Nein? – Nun gut. Dann interpretiere ich das einfach mal als ein Einverständnis ...
Also: Wie geht es Dir?
Gut geschlafen? Wieder ein Stückchen gewachsen?
Lass Dich mal beschauen ... Ja – ein bisschen; aber nur ein paar Millimeter. Man merkt es kaum. Mach Dir nichts draus! Wird schon werden! Nur Mut! Jetzt trink erst mal ein paar Tropfen Wasser! Das stärkt! Und? Schmeckt's?
Bist ja ganz schön stumm ... Aber nicht beleidigt – oder? Nun ja, ich meine wegen dem „hässlichen Entlein", wie ich Dich neulich nannte. Wirst schon keine Komplexe bekommen haben ... Das hast Du doch gar nicht nötig. Ich weiß doch, wer Du wirklich bist und was Du alles kannst und noch werden wirst. Gerade an Dir begreife ich es besser als sonst wo: Das eigentliche Leben spielt sich im Geheimen ab, unsichtbar, unerkannt. Es scheint nur abwesend zu sein und ist doch in Wirklichkeit ständig präsent. Eines ist die Fassade und etwas anderes ist die Wahrheit. Das ist bei allen Lebewesen ähnlich. Und da sollte die eine Art auch auf keinen Fall auf die andere herunterschauen oder im entgegengesetzten Fall nach oben schauen. Kreatur ist Kreatur. Glaube also ja nicht, dass ich mich Dir gegenüber für mehr halte, nur, weil ich ein Mensch bin und Du eine Pflanze bist! Ich achte Dich von gleich zu gleich, so verschieden wir auch sind, obwohl

es zwischen den verschiedenen Geschöpfen mehr Gemeinsamkeiten des Lebens gibt als man vermuten würde. Du siehst und hörst mich vielleicht nicht, kannst mich aber sicherlich fühlen. Und Du wirst auch spüren, ja vielleicht sogar „wissen", was da alles vor Deinem Fenster passiert. Schau nur fleißig hinaus und grüße den Himmel, Sonne, Mond und Sterne, den Zug der Wolken, die vorbeifliegenden Vögel und, wenn Du willst, auch die Flugzeuge aus der ganzen Welt, die ja so vieles hin und her transportieren, die uns anderen, und andere uns, näherbringen. Wie schön wäre es doch, wenn dabei nur die guten Seiten der Menschheit zum Tragen kämen!

Kap. 5   23.01.2014

Hören, Sehen, Fühlen, Verstehen

Hallo, Schwesterchen! Wie geht es Dir heute Morgen? Ich bringe Dir Dein Frühstück ...

Mein Teewasser steht auch schon auf.

Hast Du schon zum Fenster rausgeschaut?
Was für ein trüber Tag! Neun Uhr früh und immer noch dunkel. Da muss ich wohl wieder mal den ganzen Tag das Licht an haben.

Der Himmel ist tief wolkenverhangen, und es regnet. In höheren Lagen soll es ein wenig schneien.

Aber einen richtigen Winter haben wir bis jetzt dieses Jahr noch nicht gehabt. Komisch. Neulich hat es ein Wissenschaftler im Fernsehen erklärt, warum das so ist. Die nächsten Winter sollen alle mild werden, aber danach käme die große Kälte auf uns zu. Doch bis dahin ist ja noch Zeit. Und inzwischen könnte man ja trotzdem positiv bleiben nach dem Motto: Hab' Sonne im Herzen! Ist das nicht ein schöner Spruch?

Ich habe heute nur einen Trost: Wie jeden Donnerstag werden meine langjährige Klavierfreundin Doris und ich wieder einige Stunden vierhändig Klavier spielen. Wir üben gerade fleißig Stücke von Dvorak und Brahms, das sind zwei unserer Lieblingskomponisten. Ihre Musik geht einem unter die Haut. Wir vergessen während dieser Stunden, wie man sagt, Gott und die Welt, fühlen uns wie auf einer einsamen Insel, nur von Musik durchdrungen – das ist einfach wunderbar, vielleicht so wie für Euch Pflanzen die Musik des Windes ...

Hörst Du mich eigentlich hier zu Hause Klavier spielen? Chopin oder Debussy? Mein Instrument steht zwar zwei Zimmer von Dir entfernt, aber es wäre doch möglich. Obwohl - ich weiß ja bis heute noch nicht, was Du überhaupt so alles kannst ... Kannst Du z.B hören? Sehen? Verstehen? Beim Fühlen habe ich weniger Zweifel: Ich denke und hoffe, Du hast Gefühle, auch wenn das in Deiner Sprache vielleicht anders heißt. – Zum

Sehen hättest Du ja da auf dem Fensterbrett eigentlich einen privilegierten Platz; könntest nach draußen wie nach drinnen alles überblicken, darüber nachsinnen, auch über mich, die ich ja oft in diesem Raum am großen, runden Esstisch (den ich sozusagen missbrauche) sitze und arbeite. Wir können uns ja dauernd gegenseitig beobachten.

Ach, übrigens, wo ich gerade zu Dir hinüberschaue – das wollte ich schon immer mal ansprechen: In diesem Raum, gar nicht so weit weg von Dir, stehen auch einige künstliche Blumen, so wie auch im Rest meiner Räume, die Du ja nicht kennst.

Du wirst aber wissen, dass fast alle Menschen statt Blumentöpfen gerne frische Blumen kaufen, für sich oder als Geschenk für andere. Nicht umsonst nennt man sie ja Schnittblumen. Das heißt, man schneidet sie von der Pflanze ab. Das muss dieser doch wehtun – was meinst Du? Ich bin von dieser Gepflogenheit ganz abgekommen, aber – zugestanden – nicht wegen des Abschneidens, sondern aus eigener Bequemlichkeit, die aber auf diese Weise indirekt den Mutterpflanzen dennoch zugute kommt. Ich verschenke lieber einen Blumentopf – je nach Jahreszeit etwas anderes. Da haben die Beschenkten doch viel länger etwas davon und somit auch mehr Freude. Obwohl – alle Menschen empfinden ja verschieden ...

Ja, also, noch mal zurück zu dem, was ich eigentlich sagen wollte. Wenn ich „bequem" sage, dann meine ich folgendes: Immer, wenn ich in meinem inzwischen schon so langen Leben Schnittblumen geschenkt bekam, spielte sich dieselbe Szene ab: Jemand kommt zur Tür herein und hält mir einen schönen Blumenstrauß entgegen, bemüht sich, ihn vom Geschenkpapier zu befreien, alles noch mit Mantel, Hut, Schirm und Handtasche. Man hat nicht einmal die Möglichkeit, sich die Hand zu reichen oder sich zu umarmen. Dann fällt der Satz des Ablegens der Garderobe und die Entschuldigung, dass man kurz entschwindet, um eine geeignete Blumenvase zu suchen und danach die Blumen unten frisch abzuschneiden und in der Vase schön anzuordnen, die dann auf dem geeignetesten Platz mir, der dankbaren Beschenkten, und dem Besucher oder der Besucherin dekorativ entgegen strahlen. Und erst dann beginnt die eigentliche Konversation. – In Spanien macht man das übrigens genau umgekehrt: Die Blumen legt man achtlos beiseite und widmet sich sofort dem Gast; und irgendwann, oft erst, wenn der Gast geht (ich weiß, das ist grausam ...), bekommen die Blumen etwas Wasser. Arme Kreaturen! – Warum das dort so ist, willst Du wissen? Tja, ich glaube, weil man dem Menschen mehr Achtung widmet als der Pflanze. Ob das allerdings bei Tieren genauso wäre – da bin ich mir nicht sicher.

Aber die Geschichte geht ja noch weiter: Ein Blumenstrauß sollte ja jeden Tag frisches Wasser bekommen. Vielleicht sollte man auch bald die Stiele unten neu abschneiden, damit er lange hält. Vergisst man allerdings mal die Zeremonie des Wassererneuerns, dann fängt es schnell an zu stinken; je nachdem, wie viele Tage vergangen sind, sogar abscheulich. Und dann beschließt man meistens, die Blumen wegzuschmeißen. Also hinein in eine Mülltüte und weg damit in die Mülltonne. Gefühle hat man dabei keine. Vielmehr freut man sich, die Blumen und den Gestank los zu sein. Ab einem gewissen Moment wollte ich das alles nicht mehr; ja ich ärgerte mich sogar, wenn mir jemand frische Blumen mitbrachte. – Hörst Du mir eigentlich noch zu, Alma? Ach so, Du bist so still, weil Du auch traurig bist über diese Geschichte. – Diese Schwestern von Dir haben ja auch wirklich nur ein sehr kurzes Leben, nachdem man sie abgeschnitten hat ... Da stimmst Du sicher mit mir überein ...

Warum meine ich zu beobachten, dass Du mich fragend ansiehst? Ach so, jetzt verstehe ich. Du willst wissen, warum ich denn so viele künstliche Blumen habe. Nun, wegen all dem Gesagten. Sie sind nur Ebenbilder ihrer Vorbilder, – OK! – sozusagen tote Materie, aber – wie ich finde – auch recht schön anzusehen. Irgendjemand stellte sie doch her! Gut, heute geht das sicher maschinell. Aber die ursprüngliche Idee war halt, Euch zu kopieren.

Kein Vergleich, ja, kein Vergleich ...

Da hast Du recht. Deshalb liebe ich Dich ja auch viel mehr. Glaube mir! Das ist keine Ausrede. – Du willst wissen, warum? Nun, weil Du lebst; mir täglich etwas vorlebst. Und das ist doch etwas ganz anderes. Mit ihnen, glaube mir, würde ich auch niemals sprechen. Es wäre unnatürlich für mich, im wahrsten Sinn des Wortes.

Außerdem: Als ich alle diese Blumen im Verlaufe vieler Jahre kaufte, da gab es Dich doch auch noch gar nicht! Und ich habe nur ganz besondere ausgewählt, echt schöne, verschiedene Arten und Farben. Sie sind total anspruchslos, müssen nur manchmal entstaubt werden. Und sie werden nicht abgeschnitten und landen nicht im Müll. Sie verändern sich ja auch nicht, sind immer gleich fröhliche Farbkleckse in der Wohnung, ja kleine Kunstwerke, die man durchaus auch bewundern kann. Und vor allem: Sie sind keine Konkurrenz zu Dir. Also kritisiere mich nicht! Ärgere Dich nicht! Sie können es nicht mit Dir aufnehmen, glaube mir!
Alles klar?

Worum meine Gedanken ständig kreisen, ist um Dich, die Du nach Deiner dreimonatigen Schwangerschaft erlebst, wie Dein kleiner Sprössling langsam wächst und gedeiht. Und das bewältigst Du alles selbst, „self-sufficient". Da gab es und gibt es keinen Mann an Deiner Seite. Bist alleine – so wie ich. Das ist schon tapfer! Gehörst Du eigentlich zu den Hermaphroditen? Wäre doch denkbar ... Wenn man kein Biologe ist, weiß man ja nicht Bescheid. Als Laie stelle ich mir nur vor, es müsste doch auch bei Dir so etwas wie einen Tag der Empfängnis gegeben haben – oder wie das bei Euch heißt; also einen Tag, an dem alles begann. Von selbst wird es doch nicht geschehen sein, sondern Du hast Dich vielleicht entschlossen, zu starten, und dann ging's los. Hast Dir gesagt: Jetzt erschaffe ich einen Embryo! Wer soll es denn außer Dir sonst gewesen sein? Von Naturgesetzen zu reden, das klingt so abstrakt; da versteht man überhaupt nichts. Man möchte aber was anhand haben, etwas Plausibles, um zu begreifen, wie es in Dir geschah, denn es ist ja jedes Jahr in etwa um die gleiche Zeit dasselbe: Du entschließt Dich, Blüten haben zu wollen. Doch – für wen eigentlich? Es kommt sie doch in unseren geschlossenen Räumen niemand besuchen, so wie es bei den Pflanzen draußen im Freien ist, wenn sie durch Insektentransport bestäubt werden – Bestäubung per Kurier! Blühst Du also nur für Dich? Für mich? Schade, dass Du mir das nicht beantworten kannst.

Gehen wir also mal davon aus, dass Du das alles wirklich nur für Dich tust ... Dann wäre das doch eigentlich das Nonplusultra der Emanzipation, der

Verwirklichung. Und da es jedes Jahr erneut geschieht, erinnert mich das an Wiederauferstehung, so wie bei der gesamten Natur – außer beim Menschen. Er stirbt und kommt nicht wieder, hier auf jeden Fall nicht. Na gut, Kinder können bei uns die Frauen auch mehrere hintereinander bekommen, aber auch da gibt es einen Unterschied: Sie sterben nicht andauernd weg und machen den nächsten Platz. Das ist eben der Unterschied.

Das Ganze ist schon toll, finde ich. Du bist alles in einem. Fast perfekt! Alle Achtung! Und dennoch: Man meint, es müsste doch von irgendwoher gesteuert sein. Von nichts kann doch auch nichts kommen. Hat das etwas mit Weisheit zu tun, die mir noch nicht zuteil wurde? Ob Du da wohl schlauer bist? Oder gehst auch Du einfach Deinen Schicksalsweg, wie man so sagt – ?

Merkst Du eigentlich, wie Dein Embryo in Dir heranwächst? Dieses kleine, grüne, hervorlugende Zünglein, was sicher Dein erstes Blatt werden wird, bevor der Blütenstängel emporsteigt ...Er ist übrigens wieder ein paar Millimeter gewachsen! Ach, ich bin ja so gespannt! Aber ganz sicher bin ich da noch nicht. Ich zweifle noch, ob das erste kleine, grüne Teilchen ein Blatt werden wird, oder ist es schon der Blütentrieb? – Weißt Du, ich bin nämlich erst immer mal misstrauisch; dann werde ich realistisch, kalkuliere aber auch Negatives mit ein. Und schließlich denke ich positiv, versuche, aus allem das Beste zu machen. Wenn es dann klappt, freue ich mich wie ein Kind. Aber ich weiß auch, dass es ohne eigenes Dazutun nie geht.

Und – was könnte ich bei Dir noch dazutun? Eigentlich doch nur hoffen, an Dich denken, mitfühlen, versuchen, Dich zu verstehen und … Dir Dein tägliches Frühstück bringen.

Ach Gott! Mein Teewasser! Entschuldige! Mach's gut! Bis morgen!

Kap. 6   24./25.01.2014

Familienforschung

Frühstückszeit, meine Liebe ...

Die Pflanzen draußen haben das schon lange hinter sich. Auch die Tiere. Und die meisten Menschen stehen ja auch früher auf als ich. Ich bin eben bereits im Rentenalter, und deshalb kannst auch Du ausschlafen. Klar, das ist natürlich eine Unterstellung. Aber was weiß ich schon darüber, wie das bei Euch einst im südlichen Afrika war! Ich müsste mich mal drum kümmern, auch um Weiteres über Dich und Deine Verwandtschaft zu erfahren. Ich könnte das dann ja auch zu Deinem Nutzen anwenden.

Habe ich Dir eigentlich schon gesagt, dass ich Ahnenforschung betreibe? Mann, ist das spannend! Was man dabei alles rauskriegt! – Mein Stammbaum beginnt Ende des 18. Jahrhunderts und betrifft die Vorfahren meines Vaters männlicherseits. Weißt Du, wie groß der ist? Er füllt die Wände einer großen Turnhalle! Da staunst Du, gelt? Tja – das hängt mit meinem System zusammen. Ich habe viel mehr Details festgehalten als andere Menschen. So habe ich z.B. von jedem auch den jeweiligen Ehepartner und beider Kinder festgehalten. Und dies zu jeder Generation, plus vieler Zusatzdaten zu ihrem Leben, wie ihre Religion, ihren Beruf, ihre Anschrift und Telefonnummer, das Datum ihrer Eheschließung und ihres Todes sowie die Todesursache und die zugehörigen Orte. Es war eine Menge Arbeit, glaube mir! – Langweilt Dich das? Na gut, dann hören wir damit auf! Obwohl – Du könntest mir ruhig mal zuhören, denn ich sage das eigentlich nur deshalb, weil es mich halt interessiert, was so alles hinter Dir steckt. Und da habe ich mich mal schlau gemacht ... Siehst Du, jetzt spitzt Du doch die Ohren ... wie auch immer Deine Ohren aussehen mögen. – Soll ich Dir davon ein wenig berichten?

Aber erst mal zu Deinem Namen „Amaryllis" ...stell' Dir vor: Der altrömische Dichter Vergil besingt bereits eine Hirtin, die diesen ursprünglich sicherlich griechischen Namen trägt, wobei sie diesen Namen bestimmt von der Pflanze bekam. – Übrigens gibt es auch einen künstlichen, hellgrünen Saphir namens Amaryl. Du wirst das nicht wissen. Ich weiß es auch erst, nachdem ich es zufällig neben Deinem Namen im Lexikon entdeckte. Wie Du siehst, will ich nicht damit angeben. Aber ich finde, Du kannst auf so einen Namen schon stolz sein, der bereits in altehrwürdiger Geschichte auftaucht.

Doch nun weiter zu Deinen Vorfahren: Ihr seid die Familie der Lilien- oder Narzissengewächse und stammt einst, so heißt es, aus Kapland in Südafrika, und schon immer werdet Ihr als „Belladonna", also „schöne Frau", bezeichnet. Kein Wunder! Ich würde das immer bestätigen können!

Nur, was ich zuerst las, das hat mir dann überhaupt nicht gefallen, nämlich, dass man unter Belladonna eigentlich ein „giftiges Nachtschattengewächs", die sogenannte „Tollkirsche" versteht. – Doch, was ich Dir jetzt sage, klingt schon besser:

Belladonna ist mir bereits seit meiner Kindheit ein Begriff. Immer wieder las ich diesen Namen, besonders auf homöopathischen Heilmitteln, denn in unserer Familie konsultierten wir nicht nur Schulmediziner, sondern auch regelmäßig einen Homöopathen, der beeindruckende Erfolge erzielte. Die Künste der Homöopathen erlangen ja – Gott sei Dank! – immer mehr Anerkennung, nachdem man sie allzu lange als Scharlatanerie abgetan hat. – Die alten Heiler haben also aus der Tollkirsche etwas echt Tolles gemacht! Doch die erstaunlichsten Kenntnisse auf dem Gebiet von Heilpflanzen hatte man ja bei uns überwiegend in alten Klöstern.

Aber auch in anderen Ländern hat man sich ja bereits vor Jahrtausenden um Heilkräuter gekümmert; man braucht nur an China zu denken! Also, wenn ich Biologin wäre, würde ich für Dich einen Stammbaum erstellen, und nicht nur deswegen, weil Ihr als sogenannte Zierpflanzen so schön seid, sondern weil Ihr eine echt weitverbreitete Familie zu sein scheint. Ihr wart offenbar sehr beliebt bei den Menschen, sodass man Euch in vielen Sorten züchtete, kultivierte, und dies immer aus etwa faustgroßen Zwiebeln, aus denen nach der Blütezeit glatte, breitriemenförmige Blätter erwachsen. Eure Blüten aus einer, wie es heißt, „endständigen Dolde auf einem kräftigen, kahlen, bis zu 75 cm hohen Schaft" sind meist rot, aber

stets trichterförmig. Genau das habe ich nun ja schon zweimal bei Dir miterlebt.
Zu Deinen Verwandten, den Liliengewächsen, gehören übrigens auch die Schneeglöckchen! Ach, wie sehr ich doch auch diese liebe!
Na, – war das nicht hochinteressant? Komm' schon ...gib's zu! Man kann doch immer was dazulernen...

Kap. 7   26.01.2014

Ein Geburtstag

Hallo, Alma! … Entschuldige bitte! … Es ist etwas spät geworden … Ist ja fast schon Brunchzeit …

Aber ich bin sehr spät aufgewacht …

Ich bin nämlich gestern Abend erst um 22.30 nach Hause gekommen und dann nach Mitternacht ins Bett. Erzähl ich Dir gleich alles…

Und? Wie hast du geschlafen? – Ach so, ich weiß ja gar nicht, ob Du überhaupt schläfst. Man sieht es Dir ja nicht an. Aber andere Pflanzen, das weiß ich, die schlafen. Man erkennt das daran, dass sie abends, aber auch bei schlechtem Wetter oder wenn die Sonne mal nicht scheint, ihre Blüten schließen. Hast Du das auch schon beobachtet? Und wie ist das bei Dir? Nun ja, ich werde das wohl nie erfahren … Sonnenblumen drehen sich sogar nach dem Sonnenstand …!

Übrigens war ich heute Nacht mal kurz bei dir.

Du „lagst" ruhig da, wie immer. Ich wollte zum Fenster rausschauen. Das mache ich manchmal auch nachts. Und stell' dir vor: Es hatte geschneit! Nicht viel, aber es war alles weiß; doch dann am Morgen war alles wieder weg, – so schnell hatte es getaut! Ob Du das wohl mitbekommen hast? Ich würde schon gern Deine Gedanken lesen können … Kann ich aber nicht. Ich würde Dich halt gerne verstehen … Wie stille Kommunikation.

Wie, bitte?

Du möchtest hören, wo ich gestern war? OK! Ich war bei Freunden. – Warum ich Dich nicht mitgenommen habe?

Ach, das geht doch nicht. –

Kinder würden doch auch - meinst Du – ihre Puppe oder ihren Teddybären mitnehmen … –

Alma! Alma! Was sagst Du denn da? Man kann doch nicht seinen Blumentopf mitnehmen! Das ist doch ganz was anderes. Wenn man mal länger weg ist, kann man ihn höchstens von jemand anderem betreuen lassen, aber mitnehmen? Laufen könnt Ihr Pflanzen ja auch nicht. Seid eben festgewachsen in der Erde; bodenständig, treu; immer am selben Platz, sozusagen zuverlässig, immer da. Auch wenn man mal weg ist: Ihr steht immer noch da, wo man Euch verlassen hat. Man kann sich darüber freuen, sich aber auch Gedanken darüber machen und traurig werden. Stimmt. – Also hör' zu:

Es war ein toller Geburtstag, aber es ging sehr laut zu. Ich weiß gar nicht, ob Dir das gefallen hätte. Du liebst doch die Ruhe, oder? Und da haben gestern alle durcheinander und gleichzeitig miteinander geredet, eben typisch südländisch, und Deutsch und Spanisch gemischt, denn die meisten Gäste stammten aus Spanisch sprechenden Ländern. Auch das Essen war typisch spanisch; eine Menge Gänge: verschiedene Vor-, Haupt- und Nachspeisen, Getränke jeder Art, alles in Fülle.

He, was seh' ich denn da? Hinter Deinem ersten grünen Zünglein lugt ja ein zweites Etwas hervor! Bravo! Bist Du wieder fleißig gewesen! Und was soll das werden? Vielleicht der Blütenstängel? Mach' nur weiter so! Aber jetzt frühstücke erst mal ... Wenn Deine Blüten „geschlüpft" sind, feiern auch wir zwei Deinen Geburtstag, ja?

Doch wann war dieser wirklich? Und wo fand er statt?

Kap. 8   31.01.2014

Ein Gnom

Hurra! Ich habe entdeckt, was hinter dem ersten kleinen Blättchen werden will: Es muss der Blütenschaft sein!

Noch ist er sehr klein, aber bei ihm erkennt man schon eine kleine, pralle Knospe, die wie eine Florentiner Lilie in einem kleinen Spitzchen endet und sich fast stündlich mehr nach oben reckt. Noch ist dieses Stängelchen ja sehr dünn, aber es wird sicher noch an Durchmesser zunehmen. Daraus kommen dann sicher bald schon möglicherweise wieder vier Blütendolden hervor, und die wollen getragen sein.

Du musst also noch stärker werden, Kleiner! Hier, trink mal ein wenig von der Ursuppe der Erde …

Es ist ja nicht zu fassen: wieder nur ein paar Tropfen Wasser! Da kann doch eigentlich nichts Gescheites draus werden. Ich fasse es einfach nicht. Leben denn Knolle, Blätter und Blüten fast nur von einer Art Mutterkuchen???

Zwei Tage lang war ich sehr beschäftigt, konnte mich nicht echt um Dich kümmern, Alma. Sorry. Aber jetzt bin ich wieder da …

Hast Du heute früh das Morgenrot im Osten gesehen? Das passiert selten. Die Wettervoraussager werden das natürlich erklären können. Aber ich erlebe hier fast nur Abendrot, kurz vor Sonnenuntergang. Beim Morgenrot finde ich es immer lustig, wenn es dazu außerdem diese kleinen Schäfchenwölkchen gibt. Dann ist nicht der Himmel gerötet, sondern die kleinen Wölkchen sind rötlich. Sie erinnern einen sowieso schon an Wolle, und die haben ja die Schäfchen. Vielleicht hängen die Wörter „Wolle" und „Wolke" ja etymologisch zusammen. Kann ja mal nachsehen. Warte mal …

Was ich entdeckt habe, willst Du wissen?

Ach, meine Vermutung stimmt nicht; nicht vom Wort her. Hinter „Wolke" steckt „feucht"; hinter „Wolle" „zupfen". Alles zu erklären, führt hier zu weit; es interessiert zwar mich, langweilt aber wohl die meisten. Interessant waren für mich nur die ergänzenden Hinweise zu „Vlies" („Das goldene – ") und zu „Wolkenkuckucksheim", weil ich mich damit mal in anderem Zusammenhang beschäftigte.

Übrigens waren nicht nur die Wolken voll rosa Tupfern, sondern sogar meine Wohnung war in Rosa gehüllt - so kam es überhaupt dazu, dass ich gleich zum Fenster rausschaute und das Morgenrot wahrnahm.

Diese Morgenstimmungen beeinflussen ja auch unsere eigene Morgenstimmung, unser Gemüt, den Tagesbeginn.

Also, Alma: Ich wünsche auch Dir rosarote Zeiten für all das, was Dir in Kürze noch bevorsteht! Mach's gut! Bis morgen! – Ach nein! Halt! Stop! ...

Ich habe einen Denkfehler gemacht ... Alma, Du konntest das Morgenrot ja gar nicht sehen, weil Du an einem Westfenster stehst... Aber die rötliche Stimmung, die hättest Du wahrnehmen können...

Kap. 9   Februar 2014

Schöne Grüsse

Alma – wie ich sehe, wächst Du zu einem jungen Mädchen heran. Bald, sicher sehr bald, werde ich Dich, wie versprochen, Amabile nennen.

Das ist doch für alle Teenager eine tolle Zeit!

Du entfaltest Dich, hast viele Träume, möchtest vor allem schön sein, über neue Kleider nachdenken. Bist auf dem besten Wege dahin!

Auch der Schaft, der bereits in sich Deine Blüten trägt, wächst und wächst ... Doch er ist bei weitem nicht so schön wie Deine Blüten es sein werden. Er ist ja auch nur ein Mann – und Deine Blüten sind weiblich!

Ach – ich soll Dir übrigens schöne Grüße bestellen! Von wem? – Nun, von einer entfernten Verwandten. Sie steht seit kurzem an einem schönen Westfenster meiner Klavierfreundin und hat uns das letzte Mal sicher beim Vierhändigspielen gerne zugehört.

Neben ihr stehen dort einige prachtvolle Orchideen. Sie scheinen sich untereinander alle gut zu vertragen, auch mit Deiner Verwandten.

Und weißt Du, wie diese aussieht?

Ganz ähnlich wie Du – und doch wieder anders.

Sie hat bereits ihre vier Blüten in voller Pracht entwickelt und scheint auch sehr stolz darauf zu sein. Ihre Blüten sind jedoch nicht weinrot, wie Deine die letzten beiden Jahre, sondern richtig knallrot. In diesem Rot ist mehr Gelb drin, oder Orange, würde ich sagen, während es bei Dir mehr Blau gibt.

Sie wirkte auf mich auf jeden Fall wie „perfekt".

Und stell Dir vor: Sie trug ein keck geschwungenes, gleichfarbiges Kreppapierröckchen um den oberen Topfrand herum. Recht adrett! Typisch junge Frau! Das unterstrich ihr ganzes Gehabe nur noch mehr, wie mir schien.

Nun, jeder kleidet sich eben nach seinem Geschmack.

Ist ja auch gut so, sonst wären wir ja alle gleich und damit langweilig.

Kap. 10 06.02.2014

Breakfast time

Amabile! Mein schlankes Fräulein!
Reckst und streckst Dich ja gewaltig!
Dein Blütenschaft wird immer länger, und ich bin täglich neu gespannt, was Du noch so alles hervorzaubern wirst.

Doch nun erst mal „Tischlein, deck' Dich!" – Hier kommt Dein „Wässerli", Dein Wundersaft! Der so viel schafft!
Alle Achtung! – Aber das hab' ich Dir schon so oft gesagt ...

Ich werde meiner Klavierfreundin heute wieder von Dir berichten! Und natürlich auch genau hinschaun, was Deine dortige Verwandte so macht. Sie muss übrigens ein gutes Stück jünger sein als Du, denn ihre Mutterzwiebel ist viel kleiner als Deine.

Meine Freundin wird sie sicherlich genauso gut pflegen wie ihre eigentliche Besitzerin, ihre Tochter. Sie ist Ärztin und war zuletzt lange in Malawi in einem Kinderkrankenhaus. Dort lernte sie das fürchterliche Schicksal von Waisenkindern HIV-infizierter Eltern kennen. Ist das nicht bedauernswert? Viele dieser Kinder verstarben in ihren Armen. Inzwischen ist sie als Kinderärztin in der Schweiz tätig. Aber sie reist auch viel, hält Vorträge, und eben deswegen hat sie die Amaryllis, die ihr irgendwo geschenkt wurde, bei ihren Eltern in Pflege gegeben. – Soll ich sie von Dir grüßen?

Kap. 11   07.02.2014

Wie es einer Verwandten erging

Amabile – ich kann Dich nicht von Deiner Verwandten grüßen. Sie starb, für mich zu plötzlich. Es muss echt schnell gegangen sein.

Du willst es genau wissen? Nun gut ...

Als ihre vier orange-roten Blüten hinüberzusiechen begannen, vielleicht auch ihre „Wirbelsäule" sie nicht mehr so richtig tragen konnte, weil auch sie sehr schwach und sicherlich bereits gelblich verfärbt war, da beschloss die Pflegerin, sie nicht lange aushauchen zu lassen und – wie man es in der Pflanzensprache sagen müsste – schnitt Blüten und Stängel einfach ab. Bei uns Menschen würde man sagen: schaltete alle Geräte ab und ließ die Person sterben. Aber tot ist tot, ob bei Menschen oder Pflanzen. Tiere legen sich ja einfach nieder und warten auf den dann bald eintretenden Tod. Auch traurig. Immer ist es traurig. Auch ich war gestern traurig. Ich hatte ja gedacht, noch einmal diese junge Verwandte von Dir erblicken zu dürfen. Doch damit war nichts. Die Pracht war weg. An ihrer Stelle gähnende Leere. So sah es für mich aus gewissem Abstand aus.

Dann allerdings, als ich mich dazu äußerte, meinte meine Freundin voller Begeisterung: Aber sieh doch mal - da wächst ein zweiter Stängel heran! „Ach – na das ist ja toll" – mehr fiel mir nicht ein. Und eine Blüte wird er auch schon bald haben, – meinte sie. Ja, ja, erstaunlich. Das war ja bei Dir bis jetzt noch nicht der Fall. Auch dieses Mal wieder nicht, schätze ich mal. Obwohl – wissen kann ich es ja noch nicht. Muss erst mal abwarten. Aber ich habe auch in anderer Weise darüber nachgedacht, denn ich finde, Du bist irgendwie uriger. Bist einfacher. Vielleicht nicht so schick aussehend, aber nicht so künstlich. Natürlich seid Ihr beide sogenannte Zierpflanzen, also gezüchtete, und heutzutage weit weg von Eurer einstigen Heimat. Aber diese Verwandte von Dir war mir eigentlich zu vornehm. Man könnte sagen: eine Städterin. Du bist ländlicher. So was wie eine dicke Bäuerin – nimm mir das bitte nicht wieder übel. Ich will nur sagen, Du bist mehr Natur geblieben. Also Natur als Gegensatz von Kultur. Beides hat natürlich seinen eigenen Wert. Aber in Kultur steckt ja auch Verbessern und Verschönern, also Optimieren. Und Du wächst halt mehr wie Du eben wachsen willst, so wie „gesund auf dem Land", ohne das ganze städtische Klimbim drum herum, wie dieses orange-rote Krepppapierröckchen, das Deine Verwandte trug.

Du steckst eben in einem einfachen Übertopf, bist – wie man bei uns Menschen sagen würde – „ungeschminkt".

Ursprünglich ging man ja, wenn man Blumen pflücken wollte, in den Garten oder hinaus in die schönen Wiesen, und nicht in einen Blumenladen. Das ist, finde ich, ein Unterschied wie Tag und Nacht.

Ich denke mal, dass die seinerzeitige Schenkerin von Dir Dich auch eher in einer Gärtnerei gekauft haben dürfte und nicht in einem Blumenladen. Das gefällt mir.

Warum schaust Du mich eigentlich die ganze Zeit irgendwie so komisch an?

Was sagst Du da? Ich sollte mal selbst überlegen, warum? Ja, warum denn? Habe ich was Falsches gesagt?

Gesagt nicht – meinst Du? Also getan? Etwas nicht getan ...? Ach so ... jetzt verstehe ich ... Du möchtest endlich frühstücken ... Ja. Entschuldige, meine Liebe ...

Es soll nicht wieder vorkommen ...

Kap. 12   08.02.2014

Amabile – ein junges Fräulein

Wow! Amabile! Hast Du einen „Schuss gedrückt"! – wie man so sagt ... Hast Dich kerzengerade aufgerichtet; groß bist Du geworden! Meine Güte! Schon so ein großes Kind! – Nur ...das mit dem „Kind" ist ja vorbei, wie man sieht. Dennoch: Wir alle bleiben doch Kinder, die wir noch Eltern haben, unser ganzes Leben lang, ob wir klein sind oder längst groß. Erst, wenn die Eltern gestorben sind, sind wir Halbwaisen oder Vollwaisen. „Kleine Kinder, kleine Sorgen – große Kinder, große Sorgen" – pflegte man in unserer Familie immer zu sagen. Und das stimmt ja auch. Und Du bist jetzt kein Kind mehr, sondern ein junges Fräulein, wenn auch bereits im Übergang zur reifen Frau, denn die Knospe auf Deinem langen Stiel will sich öffnen – das spürt man und darauf warte ich eigentlich stündlich.

Apropos „langer Stiel" – den muss ich jetzt aber doch endlich mal messen ... Warte mal! Ich nehme am besten meinen vom guten Opa Horn seinerzeit übernommenen alten Zollstock. Ich stehe ja zu den alten, geerbten Sachen; überall in meinem Haushalt gibt es diese Art von Antiquitäten. Also: der Stiel misst stolze 58 cm! Über einen halben Meter! Und er wird sicher sogar noch etwas länger. Er wirkt aber nicht so ganz gesund auf mich. Ich bedaure ihn. Entweder bist Du als Knolle eben doch ein bisschen zu alt zum Gebären, oder es ist meine Schuld, dass ich Dich in Deinem alten Topf gelassen habe. Ich werde Dich vor Deiner nächsten Lebensphase doch umtopfen, das habe ich gerade beschlossen. Einverstanden? Hallo! Hallo! So antworte doch. Sag endlich auch mal was! – Wie bitte? Du kämst ja gar nicht dazu? Ich würde Dich nicht lassen? Ich würde wieder mal selbst so viel reden? – Ja, hast ja recht! – Also, was meinst Du? – Versteh' Dich nicht. – Musst schon etwas lauter reden. – Ich solle näher an Dich rankommen? Na gut! Und? Was sagst Du da? – Du hättest kaum noch Kraft zu reden, weil man in diesem Laden nicht mal sein Frühstück bekäme ...? – Oh Gott, armes Kind, ja, ja, gleich! Hier: Trink! Meine Güte ...

Du brauchst doch was. Das ist ja fast schon herzlos von mir. Also, jetzt frühstücke mal in aller Ruhe ...

Aber ich muss Dir noch etwas erzählen:

Vor zwei Tagen war die Tochter der Frau bei mir zu Gast, deren Mutter mir Dich schenkte, und sie war erstaunt, dass Du – nun schon im dritten Jahr – erneut blühen wirst. Weder sie noch ihre Mutter hätten das mit ihren Pflanzen erlebt. – Woran das wohl gelegen haben wird? – Ich hab mal drüber nachgedacht und glaube, sie haben ihre Pflanzen einfach weggeworfen, nachdem sie verwelkt waren, ohne daran zu glauben, was in Euren Knollen wirklich steckt. Wie so oft steckt auch im ganz Kleinen Großes! Man kann ja sehr leicht einer solchen Täuschung verfallen, wenn man nur auf Äußerlichkeiten achtet, ohne an das Innenleben aller Lebewesen zu glauben. – Ich habe eben an Dich geglaubt!

Du bedankst Dich dafür, mit wieder gut verstehbarer Stimme? Da freue ich mich. Hast also wieder neue Kraft bekommen. Aber jetzt ruh' Dich noch ein wenig aus! Dir stehen ja regelrechte Kraftakte bevor. Stehst ja direkt vor der Niederkunft! Ich werde in all diesen bevorstehenden Stunden bei Dir sein ...

Kap. 13   09.02.2014

Bevorstehende Zwillingsgeburt

Heute gibt es Brunch, Amabile ...

Ich selbst habe auch spät, aber ausnahmsweise mal schon vor Dir gefrühstückt.

Lass Dich mal anschau'n, meine Liebe ...
Es geht vorwärts, langsam, ebenso wie bei den meisten Geburten, wo es ja auch dauert, bis endlich das Kinderköpfchen sichtbar wird und alle sich freuen. – Übrigens war gestern der Geburtstag meiner Mutter Elisabeth. Sie wurde am 08.02.1910 geboren, also jetzt vor 104 Jahren!!!

Also, was tut sich da bei Dir?
Aus den grünen Lippenhälften Deiner Knospe schauen zwei rote Blütenspitzen hervor, dicht aneinandergedrängt, so wie Zwillinge im Mutterleib. Die Knospe hält die Blüten noch eng zusammen. Noch sind sie wie eins. Aber sie müssen sich ja herausarbeiten, und das ist ein Vorgang, der auch von Dir als Pflanze bewältigt werden will – denke ich mal.

Da freust Du Dich, gelt, dass ich wieder so ganz nah bei Dir bin, mit Dir fühle, denke ...

Jetzt also nicht nachlassen! Fleißig bei der Sache bleiben! Du schaffst das!

Was sagte doch einst meine Großmutter väterlicherseits zu meiner Mutter, ihrer Schwiegertochter, kurz vor meiner Geburt? „Elli, mach Dir keine Sorgen! Vor Dir haben schon so viele andere Frauen Kinder bekommen ...!"
Ja, das stimmt, aber jeder Fall ist doch wieder anders.
Mal sehen, wie's mit Dir weitergeht.

Meine Vorfahren väterlicherseits waren ja alle sehr mit der Natur verbunden, durchstreiften Wiesen und Wälder, machten viele Beobachtungen an Pflanzen und Tieren, an Himmel und Erde. Und sie sangen auch gerne (die schönen, alten, deutschen Heimatlieder) und der Großvater sowie die fünf Buben seiner sechs Kinder spielten alle je zwei Instrumente. Ist das nicht toll?

Und so wie Du ursprünglich aus einem weit entfernten Land stammst, weil man Dich in ganz andere Teile der Welt verbrachte, begaben sich drei der Geschwister dieses meines Großvaters hinaus in die Welt: Zwei wanderten aus nach Nordamerika und einer sogar nach Australien. – Wie Du siehst, gibt es zwischen Dir und mir durchaus auch Gemeinsamkeiten in Bezug auf die Natur und die weite Welt. Wir sind sozusagen weltoffen. Oder wie siehst Du das?

Wichtig bei allem ist aber immer eines: dass jeder, solange er hier weilt, ein erfülltes Leben hat.

Kap. 14　　　　　　　　　　　　　　　　　　11.02.2014

Größenvergleich

Guten Morgen, Amabile! Gut geschlafen?
Und – etwas Schönes geträumt?
Und wieder gewachsen? – Da muss ich doch mal meinen Zollstock holen und messen, wie groß Du jetzt bist.
In der Zwischenzeit kannst Du ja schon mal frühstücken.

Also, lass mal sehen ...!
Menschenskind ...! Ich glaube, Du bist in einem Tag um zwei Zentimeter gewachsen! Wo soll das nur noch hinführen? Du reichst ja immer näher an die Fensteroberkante heran!
Wenn ich mir vorstelle, was für ein kleiner Zwerg Du mal warst, als man Dich mir schenkte ...
Wie groß ich bin – willst Du wissen?
Ach, das ist doch ganz unwichtig.
Und wenn ich es Dir verrate, denkst Du möglicherweise, ich wollte angeben. – Nein? – Na gut: ein Meter zweiundsiebzig. So wenigstens hieß es früher immer. Wir Menschen gehen nämlich im Alter meistens etwas ein. – Was „eingehen" heißt ...? Tja, das ist so wie bei einem neuen Wäschestück: durch öfteres Waschen verliert es an Größe. – Wie bitte? Ob wir Menschen auch dadurch kleiner werden? – Nein, meine Liebe. Nicht durch Waschen, durch Altern.

Aber noch etwas anderes: Unsere äußere Größe hat nichts zu tun mit der inneren. – Das verstehst Du nicht? Nun, gemeint ist, dass in einem großen Kerl auch ein ganz kleines Hirn stecken kann, und umgekehrt. – Immer noch nicht verstanden? – Also, Amabile, ich glaube, ich kann Dir das auch nicht ganz erklären, bin ja kein Biologe. Und Dich, zum Beispiel, sehe ich ja auch immer nur äußerlich vor mir. Was vielleicht in Deinem Inneren vorgeht, weiß ich nicht; zum Beispiel, ob auch Du denkst, danach handelst und so weiter.

Ich glaube, Du sagst etwas ... oder willst mir etwas sagen ... richtig? Aber das verstehe jetzt ich nicht. Du hast sicher in Deiner Sprache gesprochen. Versuch's doch noch einmal! Ah, ja, jetzt hab ich Dich verstanden – und selbst wenn es nur meine eigene Intuition ist ...

Du sagst, ich solle endlich aufhören, so viel zu quatschen. –
Das hast Du mir schon einmal gesagt. Wirst mich doch hoffentlich nicht eines Tages zum Teufel schicken ... hoffe ich. Dann sind wir geschiedene Leute, hörst Du? Du brauchst mich doch noch eine Weile ... und wenn es nur für's Frühstück ist ... Aber gut, ich geh ja schon.

Nur noch eines: Ich hab sogar letzte Nacht wieder mal bei Dir vorbeigeschaut. Hast natürlich nicht wie unsereins im Bett gelegen oder gar geschnarcht, sondern aufrecht, staksig, gegen den vom Licht des nahen Flughafens erhellten Himmel dagestanden. – Was „staksig" heißt? – Zugegeben, nicht gerade das schönste Wort. Will ich Dir auch nicht erklären. Aber vielleicht hast Du schon mal von hohen, gotischen Kathedralen gehört. So was meinte ich. Hoch und erhaben. Das klingt schon edler, ja?

Tut Dir das eigentlich weh, wenn Deine Blüten aus den Knospen ausbrechen? Dann lehne Dich bei der Geburt doch an die Fensterscheibe an. Der magersüchtige Stängel unter Dir wird Dir ja kaum dabei helfen ...

Kap. 15   12.02.2014

Alleinerziehende Mutter

Amabile, stell Dich darauf ein:
Deine Blüten werden ausbrechen, die Fruchtblase ist ja bereits durchbrochen. Sie wollen sich endlich zeigen. Zeigen, dass sie ein Eigenleben haben, unabhängig von Dir, wenn auch weiterhin unter Deiner Fürsorge und Obhut. Flügge werden sie auch werden wollen – aber Du wirst sie nicht hergeben. Das ist ja auch ein Urtrieb von Müttern. Und da, wo es den Kindern gelingt und sie sich total verselbständigen, tut es den Müttern zwar weh (auch weher als Vätern), aber sie sehen es ein.
Sie müssen ihnen ja auch gewogen bleiben, denn irgendwann werden Mütter alt und freuen sich, wenn sich ihre Kinder um sie kümmern, ihnen Lasten abnehmen und Schmerzen erleichtern. Ja, ja ... ich weiß: bei Dir ist das alles anders. Deine Blüten werden ihr Leben lang bei Dir, sogar an Dir, fest verwachsen und mit Dir verbunden bleiben, solange sie leben. Sie selbst werden allerdings keine Kinder haben ... das ist nun mal Euer Schicksal. Doch Du wirst im nächsten Jahr sicher erneut Kinder haben. Es ist eben ein anderer Kreislauf. Und in der Zwischenzeit werden Dich Deine erst spät heranwachsenden, länglichen, grünen Blätter noch eine Weile lang trösten können. Wenigstens das, bevor Du Dich, irgendwann am Ende dieses Jahres, gänzlich erneut in Dich zurückziehen wirst.

Doch jetzt lass uns erst einmal dem zusehen, was uns unmittelbar bevorsteht, nämlich dieser Art Abnabelung, die sicherlich in den nächsten Stunden oder Tagen stattfinden wird. Ich bin gespannt. Gespannt auch darauf, wie Deine nächsten Kinder aussehen werden, ob sie denen der beiden vorigen Generationen, die ich kennenlernen durfte, ähnlich sehen.

Bei uns Menschen würde man sich zum Beispiel fragen, ob sie blond oder brünett sind, blaue oder braune Augen haben, wie schwer sie sind, wie gesund, usw.

Bei Dir werde ich mir gleich nach ihrer Öffnung die Zeichnungen ihrer inneren Blütenblätter ansehen. Letztes Jahr waren sie ja zauberhaft!

Kap. 16   13.02.2014

Erwartung eines dritten Kindes

Hier, Dein Frühstück, meine Liebe!

Und was sehe ich da? Wieder gewachsen! Ich muss es messen! Sage und schreibe noch weitere drei Zentimeter! Und darüber die Blüte! Gestern stand der Stiel, der sie trägt, noch kerzengerade nach oben schauend. Heute beginnt er, sich wie ein Fragezeichen zu krümmen. Kein Wunder! Das Gewicht der kommenden Blüten will ja austariert werden. –

Ach ... da ist ja noch etwas zu entdecken ...

Schon gesehen? – Doch, was sage ich da? Wenn einer das weiß, dann Du – stelle ich mir vor.

Aber ich habe es gerade auch erblickt.

Deine beiden Blütenknospen trennen sich!

Nein, nicht von Dir; ich meine voneinander.

Da ist ein Spalt zwischen den beiden entstanden. Muss ich doch mal hineinschauen, in den Spalt ... Hei! Noch eine Überraschung! Ein drittes Blütenkind hat sich bereits gebildet, sich zwischen die beiden anderen gesetzt. Wenn das mal gut geht ... Noch ist es ja sehr klein, hat sicher einen schweren Stand, bei diesen zwei schon vor ihm geborenen, den größeren Schwestern. Vielleicht helfen sie aber auch dem kleinen Wicht ...

So wie es aussieht, bekommst Du also jetzt drei Kinder. Oder ob es nicht doch, so wie die beiden Vorjahre, wieder vier werden? Bis zur vierten Blüte hatte es ja eine ganze Weile gedauert …

Hoffentlich knickt der lange Stängel jetzt nicht ein ... Er hat ja so viel auszuhalten! Ob ich ihn nicht doch stützen sollte? Wie bitte? Du meinst: Nein? Hm ... Hoffentlich hast Du recht ... Nun ja, in der Natur würde er ja auch nicht gestützt ... Stimmt! Nur: als sozusagen zivilisierter (soll heißen: durch die Zivilisation „verdorbener") Mensch kommt man halt auf diese Idee! Ich würde wetten, dass alle anderen deutschen Hausfrauen das

längst getan hätten! Aber Du kennst mich ja inzwischen ein wenig: Ich habe da so etwas „Zigeunerisches" an mir.
Bin nicht so gern wie alle anderen.
Nicht gern so konservativ, überordentlich, immer allem vorbeugend. Man muss andere auch mal gewähren lassen können! Das gehört doch zu ihrer Identitätsbildung! Oder was meinst Du? – Ach so, Du bist beschäftigt. Verstehe. Mit Dir selbst, klar. Also, entschuldige: Mach ruhig weiter so. Ich hab' ja auch noch so viel zu tun. Korrespondenz zu meinem Buch, weißt Du, dem mit dem schönen Titel „Durch die Wolken zu den Sternen" - einer Biographie über meine Mutter ...

Kap. 17   14.02.2014

Der Tod einer Orchidee

Bevor ich gestern Nachmittag zu meiner Freundin zum Klavierspielen fuhr, Amabile, sah ich noch einmal kurz nach Dir. Es ist ja so spannend, was da wieder abläuft ...

Die ersten zwei Blütenknospen hatten sich noch weiter voneinander entfernt, so wie wenn man den Zeigefinger und den Mittelfinger voneinander spreizt, weißt Du ...

Als ich dann spät abends nach Hause kam, sah ich schon von der Eingangstür her, dass sich Dein Profil schon wieder verändert hatte. Die erste, also älteste der beiden Blütenknospen, hatte sich im rechten Winkel nach links geneigt. Die zweite stand noch kerzengerade nach oben gerichtet. Die kleinste „Maus" dazwischen konnte man aus der Ferne allerdings nicht entdecken. Sie ist noch zu winzig und wird's ganz schön schwer haben, sich gegen die beiden anderen durchzusetzen. Sie nehmen ihr sicherlich viel Kraft weg.

Also habe ich Dir gleich noch ein wenig Wasser gegeben, so wie auch jetzt. Frühstücke Du also mal schön. Währenddessen werde ich Dir davon berichten, was gestern alles noch bei meiner Freundin geschah.

Es war ja ein sehr trüber Tag. Nichts wie graue Wolken. Viel Regen. Schon auf der Hinfahrt hatte ich meine Hörgeräte angelegt, die ich ja seit kurzem trage. Ich glaube, ich habe Dir das schon mal gesagt. Normalerweise benötige ich sie aber nur für Gespräche mit anderen und beim Fernsehen. Und weißt Du, wie sich das Fahren bei Regen im Auto mit den Hörgeräten anhörte? Die Regentropfen auf dem Autodach waren plötzlich so laut, als ob es Steine hageln würde. Und wenn ich unter einer Brücke hervorkam, unter der es ja nicht regnet, hörte sich der wiedereinsetzende Regen fast an wie ... na ja, ich will ja nicht übertreiben ... aber wie soll man es sagen? ... Wie Felsen! Jetzt lach' doch nicht! Steine, Felsen, das sind doch Vokabeln aus der Natur, die Du gut verstehen müsstest. Doch lassen wir das!

Du stehst ja immer hier im warmen Zimmer und weißt gar nicht, wie das ist, wenn es regnet oder schneit. Eine Pflanze meiner Freundin hat da eine ganz andere, üble Erfahrung gemacht.

Du willst wissen, welche? Na gut ...

Kennst Du Orchideen? Müsstest Du eigentlich. Müssten doch irgendwie Verwandte von Euch sein ... Also, stell Dir vor:

Meine Freundin wollte einer ihrer Orchideen mal so richtig etwas Gutes tun, sie baden, also ihr mal von allen Seiten Wasser zukommen lassen, sie mit Wasserstrahlen beglücken. Und was meinst Du, was da passierte? Der Orchideenstängel knickte ab. Unter ihren Händen. Natürlich ganz ungewollt. Stell Dir das vor! Da war sie schockiert. Es tat ihr aufrichtig leid. Doch was tun? Sie überlegte kurz und glaubte, sie könne diesen plötzlichen Unfall heilen – Und weißt Du, was sie getan hat? Nun, sie versuchte, den Stängel wieder an dem Reststiel zu befestigen, ich glaube, mit Tesafilm. Doch: Pustekuchen! Das klappte natürlich nicht. Es hielt nicht. Es sollte wohl nicht sein. Sozusagen: Schicksal. Arme Orchidee! Und prompt kam ein guter Rat für mich: Dein Stängel wäre innen hohl. Ich sollte gut aufpassen, damit nicht auch Dir noch was passiert. – Oh je! dachte ich und habe Dir jetzt doch noch eine Stütze zur Seite gegeben, auch wenn Du meinst, Du brauchst sie nicht ...

Wenn man etwas hört, sieht oder erlebt, stellt man ja auch oft Assoziationen her. Und stell Dir vor, an was ich mich aufgrund dieser Geschichte mit der Orchidee erinnerte...

In der letzten Schule, an der ich unterrichtete, führte ich mit einem großen Ensemble von Schülern und Lehrern die „Carmina Burana" von Carl Orff in Form von mimischem Spiel und Tanz nach einem von mir verfassten Drehbuch auf, wobei mir ein theater-erfahrener Schüler als Inspizient half. Dieser junge Mann verstarb kurz nach unserer dritten Aufführung durch Ertrinken in der Badewanne. Er war Epileptiker und in diesem Moment allein. Die ganze Schule trauerte um ihn.

Aber vergiss die Geschichte gleich wieder.

Man macht sich halt Sorgen, wenn man von jemandem, den man schätzt, Leidvolles hört.

Heute Morgen habe ich dann gleich nach dem Aufstehen besorgt nach Deinem Stängel geschaut. Doch er strotzt vor Kraft. Gleicht inzwischen weniger einem Fragezeichen als dem edel geschwungenen Rücken einer jungen Frau.

„Ein schöner Rücken kann auch entzücken" – das ist so einer unserer menschlichen blöden Sprüche, den man anwendet – wenn man jemanden nur von hinten zu sehen bekommt.

Fertig mit Frühstück? Trinkst Dein Wasser ja immer recht gemächlich. –

Tja, ich warte nun sozusagen stündlich auf die große Überraschung bei Dir, denn sehr bald wird die erste Deiner Blüten ihr lange gut gehütetes Geheimnis lüften und das wunderbare Rot mit den schönen Zeichnungen zeigen – eine für das menschliche Auge wunderbare Pracht, wie eine festliche Robe. Rot und Gold, das sind ja fürstliche Farben!

Ich habe übrigens gestern Abend im Fernsehen noch einen Film gesehen, der den schönen Titel „Im Reich der Mitte" trug. Sehr poetisch! Aber von wegen! Weißt Du, worum es ging?

Um den menschlichen Darm, des Menschen „zweites Gehirn", hieß es. Der Darm stünde sogar mit dem Gehirn in ständigem Dialog, und er sei es, der das Hirn anrege, zu reagieren. Stell Dir das vor! Da dachte ich, wie gerne ich doch Biologe wäre, um zu erfahren, wo Dein Reich der Mitte liegt, wo Deine Wunder geschehen ...

Als Laie kann man da ja nur phantasieren. Aber auch das ist schön, finde ich.

Kap. 18   15.02.2014

Schöne Augen

Das ist aber eine schöne Überraschung, Amabile ... Über Nacht gingen Deine ersten beiden Knospen voll auf!

Als ich gestern Abend vor dem Zubettgehen noch einmal nach Dir schaute, waren sie noch sehr mit dem Aufgehen beschäftigt, die eine nach links, die andere nach rechts ausgerichtet, so wie wenn ein Verkehrspolizist auf einer Kreuzung für den Autoverkehr seine beiden Arme ausstreckt.

Und weißt Du, dann geschah etwas ganz Merkwürdiges:
Ich näherte mich Dir, um Dich ganz aus der Nähe zu sehen – das mache ich immer wieder mal – und da glaubte ich, zu verspüren, dass die Blütenblätter erzitterten. Man nahm wahr, dass sie lebten, wie sie sich ganz langsam und sachte weiter öffneten. Da wurde mir fast unheimlich zumute ... Welch zarte Bewegungen vor meinen Augen! Ob ich das wohl richtig sah?

Ich dachte darüber nach. Nahm ich wirklich an einem wunderschönen Naturphänomen teil? Oder was sollte denn sonst dieses leise, stille Beben auslösen? Vielleicht die vom Heizkörper unter Dir aufsteigende Wärme, die Dir sicher gut tut? Möglich. Aber auch dann würden Deine Blütenblätter zu erkennen geben, wie hochempfindsam sie sind. Ich getraue mich ohnehin nicht, sie anzufassen, weil ich Euch so respektiere. Aber in ein paar Tagen, wenn sie kräftiger geworden sind, möchte ich es doch mal probieren. Vielleicht brauchst Du zu ihrem Wohl heute auch mal eine kleine Zulage ... Hier – nimm! Nach einer bewältigten Geburt muss sich doch jede Mutter auch selbst wieder stärken ...

Wie ich mich gerade erneut versichert habe, benötigst Du aber ansonsten keine Hilfe von mir; ignorierst ja auch regelrecht das Deinem Stiel beigegebene Haltestöckchen, so als ob Du sagen wolltest: Das schaffe ich schon, ganz allein! Alle Achtung! Aber recht hast Du ja: Dein inzwischen 64 cm hoher Stiel tariert das Gewicht der zwei Blütendolden kunstgerecht aus, während zwischen diesen beiden, genau in der Mitte, wie unbemerkt das dritte Schwesterchen nach oben drängt. Ich bin überzeugt, auch diese Kleine wird es schaffen und den beiden anderen alles nachmachen, ja es ihnen beweisen, mit Sicherheit!

Ich habe Dir auch wieder tief in die „Augen" geschaut, in dieses wunderbare Gemälde Deiner Blüten. Nicht einmal, nein! Mehrmals! Es gibt ja auch Menschen, die wunderbare Augen haben, in die man gerne und lange hineinschaut. Augen sagen ja alles aus über einen Menschen. – Ich hatte mal eine spanische Schülerin, deren Augen ich wahrnahm, als sie eines Tages neben mir saß. So etwas hatte ich noch nicht gesehen: Es waren schwarze Augen, schwarz wie schwarze Kirschen. Man konnte den Blick nicht von ihnen wenden, so schön waren sie ...

Aber auch Deine Staubgefäße besah ich mir aus der Nähe:

Am Anfang standen sie in der Blüte wie geknickte Scheibenwischer, nur viel schöner, denn sie zeigten eine hell-lila Farbe. Inzwischen haben sie sich in nur einem Tag aufgerichtet und stehen wie in einem fröhlichen Ringelreihen um den längeren, weißen Stempel herum. Während jedoch dieser noch schlaff nach unten hängt, wirken sie wie ein lustig tänzelndes Völkchen.

Schade, Amabile, dass Du Dich nicht selbst sehen kannst ... Die jeweils sechs Blätter Deiner Blüten haben wieder fast dieselben schönen Innenzeichnungen wie Deine Kinder der beiden Vorjahre. Dieses Jahr haben sie nur noch ein paar mehr jener aus der Tiefe hervorkommenden weißen Strahlen rechts und links neben dem auch leicht breiteren weißen Innenstreifen, der fast bis in die Spitze reicht.

Es sind alles Wunder der Natur! Schönheit pur, die man andauernd ansehen möchte.

Wie eine Tänzerin stehst Du jetzt da, mit diesem in Form eines umgekehrten Fragezeichens geschwungenen Schaft und jenen Krönchen obendrauf. Erhaben und strahlend. Eine wunderschöne, junge Lady. Eine stolze Mutter. Eine ganze Amaryllis!

Du hast nach oben gestrebt und bist angekommen. Dieses Streben ist ja der gesamten Natur eigen. Etwas, was nur jeder selbst vollziehen kann.

Wieder einmal eine Bestätigung meiner Hypothese, dass man etwas schaffen kann, wenn man nur richtig will.

Und so, wie alle Mütter, trittst Du nun hinter Deinen Kindern bescheiden zurück. Niemand fragt mehr nach Deiner Knolle, nach Deiner Schwangerschaft, nach der Geburt, sondern alle bewundern Deine Kinder. Deine ganze Vorgeschichte interessiert auch niemanden mehr. Jeder denkt ohnehin nur an sich selbst.

Und da frage ich mich auch: Wird wohl jemals einer all das, was ich hier schreibe, überhaupt lesen?

Viele haben ja selbst Amaryllen oder Orchideen ...

Doch ob sie an all ihren Einzelheiten interessiert sein werden? Gar mit ihnen sprechen? Ihnen zuhören?

Vielleicht sprechen sie über sie – oder besser gesagt – über sich selbst, nämlich wie toll sie es hinbekommen haben, dass ihre Pflanze so schön ist ...

Doch in Wirklichkeit hat das die Pflanze doch fast ganz alleine gemacht ...!

Und was haben sie von deren Innenleben erfahren ...?

Kap. 19   16.02.2014

Im Zeichen des Wassermannes

Bravo, meine Liebe! Auch die Kleine hat's geschafft!

Aber am Anfang hat sie mit mir regelrecht Verstecken gespielt. Wollte wohl nicht gleich entdeckt werden. Vielleicht ist sie aber auch etwas schüchterner als die beiden Großen. Die hatten ja bereits vor ihr den ganzen Raum besetzt und sich frei entfalten können, während sie sich gegen sie durchboxen musste, denn sie kam zwischen den vor ihr Geborenen und der Fensterscheibe hervor. Ein Hindernis. So auf jeden Fall war es noch gestern Abend, weißt Du...

Und jetzt – ach, pardon! Hier, Dein Frühstück; hätte ich beinahe vergessen. – Und jetzt, gerade eben, habe ich festgestellt, dass sich Dein drittes Kind sage und schreibe bis ganz nach vorne durchgeschmuggelt hat. Über Nacht. Wie die Kleine das wohl geschafft hat? Fast ein Rätsel ... Vielleicht während ihre beiden Schwestern im Tiefschlaf lagen ... Wäre ja denkbar ... Und nun schaut sie mich recht keck an, lacht mir strahlend entgegen. Triumphierend. Sie hat sich durchgesetzt!

Und Du hast jetzt drei wunderschöne Kinder. Alle drei im Sternzeichen des Wassermanns geboren, jetzt, im Februar 2014. Ob so was natürlich auch für nicht menschliche Kreaturen gilt, weiß ich nicht. Aber menschliche Wassermänner kenne ich gut! – Warum? – Nun, meine Mutter war, wie ich Dir letzte Woche bereits sagte, ein Wassermann – müsste ja eigentlich heißen: Wasserfrau ... In meiner Biographie über sie schreibe ich zu diesem Sternzeichen folgendes:

„Die Wassermann-Frau beeindruckt durch ihre Originalität, ebenso wie durch ihre geistige Regsamkeit. Sie ist wandlungsfähig, kapriziös, eigenwillig und schnell entflammbar, und sie schwärmt von einem abwechslungsreichen Leben."

Was meinst Du? Betrifft Dich davon etwas?

Die Menschen stellen sich ja eigentlich nur vor Euch Blumen und sagen: Wie schön! Und das war's ...!
Doch wer beschäftigt sich schon mit Eurem Innenleben?

Kap. 20 17.02.2014

Königsfamilie und Hofstaat

Oh Königin! Bist Du schön!
Stolz trägst Du Deine drei Prinzessinnen zur Schau!
Hoch oben auf dem fürstlichen Paladin, Eurem getreuen Gefolger. Er ist stark und kräftig, wie aus Stahl, steht da wie eine Eins, selbst wenn er auch in seinem tiefsten Inneren hohl sein mag – so etwas soll in den besten Familien vorkommen ...

Ihr allesamt gebt jetzt ein feierliches Bild ab. So etwas wie ein Goya! Dreimal weinrote Pracht vor blauem Himmel, auf der fülligen Königsmutter ruhend. Was für ein schöner Anblick! Die Strahlendsten sind natürlich die jungen Damen, elegant herausgeputzt wie zu einem Ball.

Und oben mag die Pracht herrschen, von blauem Himmel umgeben, doch zu Füßen Eures Hofstaates erkennt man den irdischen Teil. Es ist wie überall.

Was ich damit meine? – Ach, Amabile! Am besten befasst Du Dich jetzt gar nicht damit. Genieße den Gipfel Deiner Erlebnisse. Es reicht, wenn ich es wahrnehme. Und das ist das Bild, das sich mir immer darbietet, auch wenn Du nicht gerade Deinen glänzenden Auftritt hast. Und es ist ein starker Kontrast zum Glanz Deines Hofstaates.

Ich soll es Dir trotzdem erzählen? Du willst auch ein wenig an meinen Gedanken teilnehmen? Das tut wohl. Und es ist fair. Nun gut.

Ich wohne ja zu meiner Rechten am Waldrand. Aber geradeaus, hinter und unter Dir gibt es eine ganze Kolonie von Reihenhäusern, weißt Du. Vier quer verlaufende Zeilen rechts, vier links, mit je neun Häusern pro Zeile. Langweilig sehen sie nicht gerade aus: Die Besitzer haben viele Bäume in ihren kleinen Gärtchen angepflanzt. Die siehst Du ja vielleicht, wenn Du selbst in Gedanken mit dem Waldrand verbunden bist, Dich vielleicht nach ihm sehnst. Doch alles, was Natur ist, so wie Du, hebt sich drastisch ab von jenen geradlinigen Häuserzeilen. Und stell Dir vor: Auf jedem dieser kleinen Häuschen steht ein Schornstein, überall der gleiche. Da ragen also sage und schreibe zweimal 36 Schornsteine in die Luft, stehen da wie diese chinesischen Soldatenheere ... aber davon wirst Du ja nichts gehört haben. Ich will damit nur sagen: ein eher langweiliges Bild. Besser, Du träumst weiter von Deiner einstigen Herkunft, Deinen Landschaften, Deinen Vorfahren, von Deiner Welt, aus der man Dich einst zu uns verbrachte. Auch wir Menschen steigen ja oft tief hinab in alte Erinnerungen, holen alte Fotos aus den Schubladen, um zu sehen, wer einst wie aussah und wo war. Es sind schöne Momente, gerade wenn man mal einsam ist. Du bist einsam. Ich bin einsam. Doch wir beide leben gemeinsam! Ist das nicht schön?

Was meinst Du, haben Himmel und Erde gemeinsam? Das verlangt nach einer philosophischen Lösung!

Ach, wenn Deine Blüten heute singen könnten, dann würden sie vor Freude jauchzen – so wie andere Trompete spielen!

Und auch sie werden sich – wie ich – später mal dankbar ihrer lieben Mutter erinnern.

„Es war eine Mutter, die hatte vier Kinder ..." – an dieses Lied erinnere ich mich gerade. Und weiter geht es so: „Den Frühling, den Sommer, den Herbst und den Winter".

Bei Dir ist jetzt Sommer, Hochsommer, obwohl bei uns Menschen noch nicht einmal der Frühling ganz angekommen ist ...

Fertig mit frühstücken? Gut, dann lüfte ich mal ein wenig. Musst doch ab und zu ein bisschen frische Luft schnappen ...

Doch – nur noch eine Frage:

Wie lange hat die königliche Familie eigentlich vor, Hof zu halten?

Kap. 21   21.02.2014

Ein zweiter Mann?

Bevor ich Dir heute Dein Frühstück zubereite, meine Liebe, würde ich erst gerne mal von Dir hören, ob Du überhaupt Hunger hast. – Warum? – Nun, ganz einfach. Die letzten beiden Tage musste ich feststellen, dass Du alles stehen gelassen hattest. – Wie ich das bemerkt habe? – Nun ja; in Deinem Übertopf stand noch immer das Wasser von zwei Tagen. Ich dachte nur: Wie komisch! Das kann doch nicht sein! Drei Blütenkinder und keinen Appetit? Was kann der Grund dafür sein? ... bis es mir endlich klar wurde: Du brauchst wohl nicht mehr so viel Nahrung. Hast den Zenit Deines Lebens überschritten. Ob das erste Vorzeichen dafür sind? Wir Menschen essen ja auch weniger ab einem gewissen Moment. Aber ein bisschen essen wir schon noch. Deshalb werd' ich Dir heute nur eine kleine Portion anbieten. Schau mal! Reicht das? – Gut!

Aber was sehe ich denn da, Amabile ... Denkst Du etwa an eine neue Schwangerschaft? Mit einem neuen Mann? Eieiei!

Ach, meine Liebe, brauchst Dich doch nicht zu schämen... Der alte Stängel, der Bengel, wird ohnehin nicht mehr lange leben. Das ist hässlich gesagt, ja, urhässlich, aber wahr. Du kennst das doch schon von den Vorjahren. Erst verlierst Du Deine Kinder und danach ihren Unterhalter. So ist es nun mal. Kommt doch überall vor. – Wie bitte?

Woran ich das denn gemerkt hätte? – Kann ich Dir gerne sagen. Aber mit Deinem dicken Bauch hat das nichts zu tun. Den hattest Du ja schon vorher. Deswegen will ich Dich ja das nächste Mal auch umtopfen. – Nein; was ich entdeckt habe, ist wieder so ein kleiner, grüner Wicht, der aus der Knolle hervorlugt, aber weit weg von dem großen Schaft, sozusagen am Rande. Recht komisch! Wirkt wie ein schmächtiger Nebenbuhler. Für Dich wäre es wie ein zweiter Mann – wenn es denn einer würde.

Aber als solcher würde er es nicht so leicht haben. Der erste hat sein Spiel ja schon gemacht, und gut; und jetzt müsste man eigentlich sagen: „Basta!" oder: „Rien ne va plus!"

Doch wenn das alles so kommen würde, müsstest Du erneut alles mit aushalten. Natürlich würde ich Dir wieder gedanklich beistehen, denn es will ja alles gemanaged werden. An Dir würde ich allerdings nicht zweifeln. Du würdest das schon schaffen. Denn sieh her: Eine Nachbarin von mir hat gerade dasselbe erlebt. Sie hatte gerade Zwillinge bekommen, als sie gleich wieder schwanger wurde, und das auch noch mitten in einem Studium – stell Dir das vor! Drei Kinder auf einmal großziehen! Anstrengend! Aber vielleicht auch praktisch. Da hat man als Mutter alles auf einmal und schneller hinter sich.

Also, ich bin gespannt, was mich bei Dir noch alles so erwartet ...

Kap. 22   22.02.2014

Trauer

Ach, Amabile ... Heute bin ich traurig über das, was ich sehe. Die Sterbephase Deiner erstgeborenen Tochter beginnt. Viel zu früh, finde ich. Sie hätte doch noch eine Weile blühen, also leben können ... An Stelle dessen beginnt sie quasi zusehends sich zu schließen. Vorbei ist es auch mit ihrer leuchtenden Schönheit, dieser lieblich roten Farbe, ihrer jugendlichen Ausstrahlung, ihrer Spannkraft.

Das muss doch auch für Dich sehr schmerzlich sein.

Sie stirbt ja quasi wie in Deinen Armen, jetzt, wo bei uns Menschen noch immer nicht der Frühling eingetroffen ist. Obwohl – die Sonne scheint schon recht warm und der Himmel lacht von oben in schönem Blau ...

Gegen dieses Blau schaue ich und bin sehr nachdenklich, während ich dem langsamen Sterben Deiner Tochter zuschaue. Ihr einst leuchtendes Weinrot verfärbt sich immer mehr zu schwarzem Rot, so wie es auch bei menschlichem Blut geschieht. Gegen das Licht gesehen entdeckt man auf den jetzt durchsichtigen Blättern sogar ihre dunkleren Adern: dicke Hauptadern und dünne Nebenadern, so wie es bei den Bäumen den Stamm, die Äste und Zweige gibt. Die dünneren Äderchen sind sehr filigran, stark verästelt, aber jetzt recht zittrige Linien.

Nur der nach oben gebogene, überlange, weiße Stempel mit seinen anmutigen drei olympischen Kringeln an der Spitze schaut noch tapfer drein, während sich die einst lustigen Staubgefäßchen hinter ihm wie müde geworden ducken.

Und dies alles in den absterbenden Blütenblättern, die schon längst eher einem schrumpeligen Kokon ähneln.

Wie kurz doch die Zeit ist, die uns Lebewesen auf der Erde vergönnt ist!

Wie nahe beieinander doch Leben und Tod liegen!

Da erinnere ich mich wieder einmal an den Tod meiner Mutter. Sie starb ja seinerzeit ebenfalls in diesem Zimmer, und auch viel zu früh. Sie hatte, nach einem schweren, aber erfüllten Leben, über einen längeren Zeitraum hinweg langsam alle ihre Fähigkeiten verloren, bis sie friedlich einschlief. Und während ich über sie gebeugt war und meine heißen Tränen auf sie hinabkullerten, bemerkte ich, wie das Blut in ihren Adern plötzlich stockte, sich tiefdunkel verfärbte ...

Eigenartige Parallelen ...

Kap. 23   23./24.02.2014

Last minutes

Amabile! Wenn es einem nicht so gut geht, hat man ja keinen Hunger. Wie ist es mit Dir heute? Möchtest Du eine Kleinigkeit? – Nein? Ach komm! Wenigstens ein Schlückchen ... Ich stell es Dir einfach mal hin. Ich kann Dich ja verstehen. Es geht eben nicht aufwärts, sondern abwärts. Oder meinst Du, mir erginge es anders als Dir? Und ich bin ein gutes Stück älter als Du! Auch im Verhältnis! Komm, sei nicht so traurig! Ich bin doch bei Dir ...

Ja, Deine erste Blüte ist so gut wie abgestorben, hängt trostlos herum. Und der zweiten sieht man es an: Sie folgt ihrer Schwester auf dem Fuß. Wer noch strahlt, ist lediglich die dritte, und das sei ihr gegönnt. Sie hat es auch verdient, hatte es ja nicht einfach. Kaum war sie geboren, also aus ihrer Knospe herausgeschlüpft, fand sie gleich eine Wand vor sich: die Fensterscheibe. Das war wie eine unglückliche Landung auf der Welt. Aber – aber! Sie hat sich dann doch durchgesetzt. Und das war ihr Verdienst. Man sollte die Kleinen nie unterschätzen! Schließlich schubste sie sich ja sogar noch vor ihre beiden älteren Schwestern und erblühte genauso schön wie sie. Da war sie selig. Doch nun, Amabile, ... Du musst Dich mal in ihre kleine Seele hineinversetzen ...

Was spielt sich da vor ihren jungen Augen gerade ab? Sie muss zusehen, wie ihre beiden älteren Schwestern direkt vor ihr dahinsiechen. Das ist wahrhaftig kein schöner Anblick! Was hat sie denn eigentlich jetzt noch von ihrem eigenen Leben? Ich bin richtig traurig mit ihr. Hoffentlich erlebt sie noch ein paar schöne Stunden. –

Wem es gerade auch gar nicht so gut zu gehen scheint, ist der Schaft. Erst stirbt die eine Blüte auf ihm weg, dann die zweite. Da kommt man schon mal aus dem Gleichgewicht ... Und man hat auch als Mutter Angst, oder? Wenn da bloß nicht noch ein Unglück passiert ... denkt man als Mensch und will wieder helfen. Doch genau das ist falsch, wie meine Erfahrung

mit dem Kerl ja gezeigt hat. Er schafft es, wie ich beobachte, wieder allein, dreht und wendet sich, und schon ist der Fall für ihn gelöst.
Und das bei – man staune – inzwischen 80 cm Höhe, wobei er doch nach wie vor noch seine letzte Bürde zu balancieren hat ...
Da kann man nur sagen: Hut ab! Tja, was ein Kerl ist, bleibt auch einer! Er zeigt in jeder neuen Situation neue Fähigkeiten.
So was steckt ja in vielen Lebewesen; man ahnt es, glaubt es aber erst mal nicht, bis es uns bewiesen wird. Die Natur ist stark!

Aber etwas anderes verwirrt mich, und zwar oben in der Mitte auf diesem langen Kerl. Es sieht so aus, als ob da vielleicht noch zwei weitere Blüten kommen wollten, denn man erkennt dort zwei winzige Krönchen mit gezackten, rötlich wirkenden Blättchen. Ich interpretiere es als eine verhinderte vierte Blüte, die es so hoch da oben nicht mehr schaffen wird. Und die Zeit gab mir recht. Es änderte sich nichts mehr.

Tja – bei Dir kommt man nie richtig zur Ruhe ...
Du hältst mich in Spannung. Und ich erzähle Dir einfach, wie ich alles erlebe. Ich fotografiere übrigens auch. Werde Dir die Fotos zeigen, wenn sie fertig sind, ja?

Kap. 24   26.02.2014

Himmlischer Glanz

Hallo! Da bin ich wieder! Und grüße Dich! ...

Aber eigentlich könntest ja auch Du mich mal zuerst begrüßen ... Rein zur Abwechslung! Das wäre doch mal was!

Du fühlst doch, wenn ich Dir nahe komme, wie ich meine.
Sogar echt meine. Warum? – Kann ich Dir gerne erzählen. Wissenschaftler sollen nachgewiesen haben, dass ein Baum, der abgesägt werden sollte, erzitterte, als man sich ihm näherte.

Sonderbar – findest Du? Ich nicht! Er ist doch ein Lebewesen. Und als solcher spürt er vieles, was in, am und um ihn herum geschieht. Du auch! Gib's zu! –

Sagtest Du gerade „Guten Morgen"? Danke!

Ich werde auch nie vergessen, was ich während unserer Evakuierungszeit auf dem Land im Zweiten Weltkrieg bei der Hausschlachtung erlebte. Als die Männer, die das Schwein schlachten wollten, es aus dem Stall holten, fing dieses herzzerreißend an zu schreien, aber so schrill, dass ich es sogar noch mitbekam, als ich mich als damals kleines Kind im ersten Stock des Hauses im hintersten Zimmer im Kleiderschrank versteckte und mir die Ohren zuhielt. Das arme Tier fühlte, was mit ihm passieren würde.

Und jetzt mach' doch Du mal weiter! Was gibt's denn bei Dir Neues?
Verstehe. Bist traurig. Kann ich nachvollziehen.

Drei sterbende Blüten; ein Stängel, der bald welken wird, und dazu noch draußen dieses trübe Wetter: Wolken und Regen. Glaube ich Dir.

Aber spürst Du nicht auch den kleinen, grünen Kobold, der da rechts kommen will? Noch ist er ja ein Zwerg, ein Gnom. Man kann nicht identifizieren, was hinter ihm steckt, was das werden wird. Er wächst ganz langsam. Wenn der Goliath neben ihm verschwinden wird, entsteht für ihn eine hilfreiche Lichtschneise. Dann wird doch vielleicht noch was aus ihm. Jetzt hat er aber sicher noch einige Komplexe. Die könnte er dann aber ablegen. Die Großen sollen sich nur mal nicht zu viel auf sich einbilden! Die Kleinen können auch was, wenn man sie lässt. – Doch ob Du überhaupt Lust hast, Dich noch einmal auf Neues einzulassen? Müsstest doch eigentlich total erschöpft sein, reif für Ruhe und Regenerierung. Hast doch wahrhaftig alle Deine Mutterpflichten erfüllt ...

Doch eines wollte ich Dir noch berichten ... Hör mal zu!

Gestern war ja ein unvorhergesehen warmer Tag, trotz Februar. Auf meinem Balkonthermometer in der Sonne waren es schon 30 Grad. Als ich nachmittags bei Dir vorbeischaute, erlebte ich so etwas wie ein Märchen: Auf den noch immer dunkelroten, der Sonne zugewandten Rücken der sterbenden Blütenblätter glitzerte es über alle Maßen, wie in tiefdunklen Nächten von der Milchstraße herunter, aber nicht gelb-silbrig, sondern diamant-golden. Es wirkte wie Goldstaub und funkelte wie Hunderte von Kristallen. Ein Wunder wie im Sterntaler-Märchen, und dies im Angesicht eines bevorstehenden Todes. Wer vermag das zu verstehen? Ich blieb minutenlang staunend davor stehen, vor einem Schauspiel der Natur in der Abendsonne. Es muss mit dem Himmel zusammenhängen. Er wird sich für Dich geöffnet haben. Wie trostvoll ...!

Kap. 25   27.02.2014

Sendepause

Ach, Amabile ... in mir passiert gerade etwas Sonderbares: schon beginnt sich in mir Erinnerung aufzubauen ... Stell dir das vor! Darin gibt es das Bild der roten Pracht Deiner Blüten, der einst so stolzen. Jetzt hängen sie nur noch schlaff herunter ...

Selbst die kleinen Wunder der weißen Stempel, die bis zuletzt versuchten, zum Himmel zu schauen, sich sicherlich ans Leben klammerten, haben ganz ersichtlich jede Hoffnung auf ein Weiterleben aufgegeben. Sie hängen nur noch als dünne, ausgelaugte Fäden nach unten.

Den kahlen Riesenstängel wird auch bald sein Schicksal treffen. Ohne seine schönen Ladies, die er tragen durfte, an denen er sich freute und sich maß, hat sein Leben gar keinen Sinn mehr. Er hat seine Schuldigkeit getan. Er kann gehen.

Vergegenwärtigte Vergänglichkeit. Trostlosigkeit. Stille. Momente des in-sich-Gehens. Da wird man sehr nachdenklich ...

Du könntest Dich jetzt doch eigentlich mal so richtig zurücklehnen, ausruhen, ein längeres Schläfchen halten ... Hast doch nichts mehr zu tun .... Also gönne es Dir!

Wir Menschen können so etwas überhaupt nicht, können es uns nicht leisten. Wir müssen ständig rege sein. Müssen aufstehen, zur Arbeit gehen, einkaufen, kochen, waschen, putzen ... Das musst Du doch alles nicht! Zieh Dich einfach in Dich zurück...!

Schön, dass Du mir zunickst ...

Und für den kleinen, grünen Kerl da am äußersten rechten Rand, der aus Dir hervorlugt, für den werde ich schon sorgen. Wenn aus ihm wirklich noch einmal eine neue Fülle von Leben hervorkommen sollte, kannst Du ihn zu gegebener Zeit ja immer noch stillen. Das wirst Du ja auch tun. Er soll dann ja auch noch heranwachsen. Doch erst mal abwarten, was sich da tut. Von mir wird er auf jeden Fall jeden Morgen kurz geduscht.

Ist ja schließlich noch ein Baby. Ob ihm das kleine Bad gefällt? Er sagt ja nichts, zeigt auch kein Lächeln, kein Strampeln. Unscheinbar steht er da. Wie ein unbeschriebenes Blatt. Wird er ja vielleicht auch. Es wäre ja langsam Blätterzeit. Mal sehen. Ich behalte ihn im Auge, OK?

Oft nehmen die Dinge ja ihren Lauf, auch wenn man ga nichts dazu beiträgt!

Also: Ciao!

Und hier noch eine Anmerkung für die Leser:

Beim Umtopfen meiner Amaryllis im nächsten Jahr stellte sich heraus, dass dieser neue grüne Kerl zu einer zweiten, kleineren Zwiebel unterhalb der dicken Knolle gehörte und diese deswegen dann einen extra Topf bekam!

Kap. 26   März 2014

Letzter Dialog

Der Punkt, an dem sich Endlichkeit und Unendlichkeit berühren, macht uns sehr nachdenklich …

Umso mehr sollte man miteinander reden, solange dies noch möglich ist.

Siehst Du, liebe Amaryllis, deshalb schaue ich noch einmal ganz bewusst vorbei.

Eine ganze Reihe von Tagen ist mittlerweile vergangen, an denen ich nichts niederschrieb über unsere Dialoge ...

Es war ja auch zu traurig, diesem Sterbeprozess zuzusehen.

Alles geht dahin. Gegen das Licht des Horizontes verblieben nur noch drei schwarze Witwen, von einem immer schwächeren Helfer getragen, doch dessen grazile Haltung ergab bis zum Ende ein stolzes Profil. Stolz stirbt ja, wer sich für einen Helden hält; still der Bescheidene.

Neues Leben wächst inzwischen nicht mehr heran.

Es sind die grünen Blätter, die den einstigen Blüten folgen.

Sonst nichts.

Und Du, meine Liebe, scheinst bereits in tiefes Schweigen eingehüllt, bis wir irgendwann einen neuen Dialog beginnen.

Du warst eine lobenswerte „Alma Mater", eine nahrungsspendende Mutter. Diesen Begriff haben sich ja auch die Universitäten zu eigen gemacht, an denen Studenten mit Weisheit erfüllt werden sollen. Aber es wird eher Wissen sein, denke ich mal, denn Weisheit stellt sich erst am Ende unserer Tage ein.

Und dies ist auch für uns das Ende unserer reichhaltigen Dialoge.

Lebe wohl!

Und danke für all das, was Du mich gelehrt hast!

***Genio y figura**
hasta la sepultura*

*(Spanisches Sprichwort, welches
ausdrücken soll,
dass es nicht
einfach ist,
seine natürliche
Art zu sein zu ändern,
ja dass man sie
sogar beibehalten wird
bis zum Tod)*